NOTRE ENNEMI

LE LUXE

NOTRE ENNEMI
LE
LUXE

PAR

H. NADAULT DE BUFFON

DEUXIÈME ÉDITION

PARIS

FURNE, JOUVET ET Cie, ÉDITEURS
45, RUE SAINT-ANDRÉ-DES-ARTS, 45

1870

Tous droits réservés.

Qui ad pecuniam luxuriamque cursu ruentes prensat ac retrahit, et, si nihil aliud, certe moratur in privato, publicum negotium agit.

Sénèque, *de Tranquillitate animi.*

On pourrait faire un ouvrage tout entier sur le luxe ; et il serait utile, car ce sujet n'a jamais été bien traité. On montrerait que... le luxe est une suite inévitable de l'industrie, dont pourtant il arrête les progrès, et de la richesse, qu'il tend à détruire ; et que c'est pour cela aussi que quand une nation est déchue de son ancienne grandeur, soit par l'effet lent du luxe, soit par toute autre cause, il y survit à la prospérité qui l'a fait naître et en rend le retour impossible, à moins que quelque secousse violente et dirigée vers ce but ne produise une régénération brusque et complète.

Cte DE TRACY, *Économie politique.*

CE QUE NOUS DÉPLORONS

I.

Définition du luxe. — Ses progrès depuis vingt ans. — Notre état présent. — Le luxe a tué la noblesse. — Ses ravages dans la bourgeoisie. — Après la bourgeoisie l'anarchie. — Il n'est pas trop tard pour le combattre. — Auxiliaires sur lesquels nous comptons. — Pourquoi un livre contre le luxe ? — Le cri d'alarme. — Les oies du Capitole.

Le mot d'ordre des sociétés modernes paraît être le changement. Reste à savoir si les sociétés mises à cette épreuve se fortifient ; mon opinion est qu'elles s'affaiblissent au contraire. Il est mauvais pour un malade de changer fréquemment de médecin.

Ce besoin de mouvement, — qu'il faut se garder de confondre avec l'amour du progrès, — est hostile au temps qui consacre les œuvres les plus imparfaites en permettant de les expérimenter et de les améliorer. Au milieu des bouleversements politiques qui agitent l'Europe, et des commotions sociales qui menacent de la troubler dans l'avenir, plus rien n'est stable. Je serais tenté de comparer notre civilisation moderne à une fournaise d'où s'échappent des grondements sourds avec des lueurs tantôt resplendissantes comme une aurore et tantôt sinistres.

En attendant que l'avenir réalise ou démente ses menaces, les peuples s'agitent, les trônes s'écroulent; on voit tomber en poudre, en face de l'indifférence presque générale, deux grandes institutions sociales et politiques sur lesquelles le monde s'appuyait depuis des siècles : — la Papauté et l'Empire germanique.

Dans notre impatience du nouveau, nous nous hâtons de détruire ce que nos pères ont construit, — pour rebâtir ensuite! Nous nous regardons comme meilleurs architectes qu'eux. Tout ce qui est ancien, dans le monde économique ou moral, paraît, par cela seul, frappé de réprobation : il faut du changement à ces esprits altérés de l'inconnu.

La faveur publique encourage les novateurs. Grâce à elle leur témérité devient aisément courage, franchise, sagesse, indépendance, patriotisme ; on les aime, on les acclame, on les défend, et nous ne nous apercevons pas que ce dégoût du présent, cet attrait de l'inconnu, nous livrent sans défense à un ennemi redoutable : — à *notre ennemi le luxe.*

Le luxe, dont nous voulons signaler, l'un après l'autre, les sinistres ravages, est hostile à tout bonheur individuel comme à toute grandeur sociale. S'il n'est pas nécessairement un symptôme de décadence, il en est du moins, presque toujours, le signe avant-coureur.

Ce qui est jeune, — soit qu'il s'agisse de la jeunesse de l'homme ou de celle des Empires, — se contente de peu. On a pour soi la force, la vigueur, la santé, les plaisirs faciles, l'espérance ; ce brillant mais fragile cortége peut suffire. Au contraire c'est un besoin propre à la vieillesse que de chercher à compenser ses pertes par le raffinement de ses jouissances.

Aux palais fatigués il faut des condiments d'un haut goût.

Le luxe a renversé Babylone, Ninive, Tyr, Rhodes, Syracuse, Carthage, ces opulentes et voluptueuses cités. C'est lui qui a rendu Athènes tributaire de Rome, qui a fait Rome la proie des Barbares, Byzance la conquête de Mahomet.

Il est la maladie des États florissants, le parasite de leur maturité. Il les attaque par le cœur, comme le ver ronge l'arbre ou le fruit; il les épuise et hâte leur ruine.

Le luxe n'est pas pour nous un ennemi inconnu; à diverses reprises, il a fait invasion en France. Jusqu'ici nous avons pu lui échapper; mais il entre de nouveau en campagne, il est temps de le combattre.

Depuis dix ans les progrès du luxe ont été rapides.

Il s'est d'abord attaqué aux classes élevées, car les sociétés se corrompent par la tête, comme le chêne; et il arrive que déjà l'arbre est découronné, tandis que son pied se couvre encore de rameaux verts.

La classe la plus menacée, parce qu'elle est la plus puissante, la plus nombreuse et la plus riche, c'est la bourgeoisie.

Le luxe a tué la noblesse ; aujourd'hui il s'en prend à la bourgeoisie, laquelle, dans la politique, l'industrie, la finance, tient le premier rang. Deux révolutions successives n'ont pu ébranler son pouvoir. Son principal péril vient de sa sécurité.

Je me préoccuperais moins de sa décadence, si je voyais une autre classe tout élevée, prête à prendre sa place. Lorsqu'une même culture trop longtemps prolongée a épuisé le sol, on lui confie une autre semence : 89 a été un rajeunissement, parce qu'il a opéré la substitution d'une race jeune à une race déchue. J'ai beau chercher; après la bourgeoisie je ne trouve plus un peuple, mais seulement des utopies subversives de tout ordre social, des vengeances et des colères. La démocratie, au nom de laquelle se produisent ces théories confuses, ne représente que les prétentions audacieuses de quelques-uns. La noblesse était une digue que la bourgeoisie a renversée; celle-ci, en prenant sa place, n'a pas relevé l'obstacle. Les charges publiques, les hauts postes sociaux sont accessibles à tous; le plus pauvre comme le plus obscur peut espérer, s'il est persévérant et laborieux, si le sort ne lui est pas contraire, parvenir au premier rang.

Défendre la bourgeoisie contre ses propres égarements sera servir l'État et le préserver de quelque commotion funeste.

Je réclame les lumières et le concours de ceux qui ont échappé à la contagion. Ils sont nombreux, mais dispersés; ils ignorent leur force, parce qu'ils ne connaissent pas leur nombre. Qu'ils se comptent, qu'ils s'unissent; que l'imminence du péril les fasse sortir enfin de leur coupable apathie. Ce n'est pas en gémissant dans l'ombre que l'on gagne des batailles : s'abstenir serait s'avouer vaincu !

Que la simplicité modeste, l'honnêteté laborieuse, la raison et le bon sens, — ces vertus privées qui sont des garanties sociales, — ne rougissent plus de se montrer au grand jour; que les jeunes gens sortent des écoles, les pères et les mères de famille de leur maison : leur nombre seul en imposera.

« Nous voici, — diront les jeunes gens, — nous qui n'avons pas désappris à honorer nos pères, à aimer tendrement nos mères, à respecter la religion et à en pratiquer au grand jour les devoirs; nous qui avons su ménager notre jeunesse et conserver, comme un parfum précieux, la chasteté de notre cœur. Au lieu de passer notre temps à entretenir, à votre exemple, des chiens et des filles, à jouer, à faire courir des chevaux, nous étudions, nous agrandissons le cercle de notre intelligence, nous élevons notre âme. En nous s'agitent toutes les nobles ambitions du dévouement et du devoir. Voyez, nous sommes forts, pleins de santé, de gaieté et de vie, nous sommes plus heureux que vous! »

Les pères de famille viendraient à leur tour

et parleraient de la sorte : « La considération, la fortune, le succès, le bonheur que vous cherchez en vain, sont la récompense assurée des vertus modestes que nous pratiquons. Gardiens fidèles des traditions de la famille, nous y tenons école d'ordre et de respect; car obéir à la loi domestique c'est apprendre la soumission à la loi sociale. Nous aimons nos femmes; il ne nous en coûte point de leur demeurer fidèles. Nos enfants sont notre joie; un jour peut-être, s'ils mettent à profit nos leçons, ils feront notre orgueil. Nous servons notre pays dans des voies diverses, sous la loi commune du travail, suivant nos moyens et nos forces, moins par ambition que par devoir; on nous estime, tandis que ceux même qui vous flattent vous méprisent : — pourquoi ne feriez-vous pas comme nous? »

Les mères chrétiennes paraîtraient à leur tour conduisant par la main leurs sœurs et leurs filles. Rien qu'à les voir, les femmes futiles, les courtisanes, celles qui mettent leur gloire à les imiter, comprendraient que leur fard et tous leurs savants artifices ne pourront jamais lutter contre l'éclat vrai de la jeunesse ni le mystérieux rayonnement de la vertu; elles reconnaîtraient que la simplicité rendue piquante par le goût aura toujours plus d'empire que l'excès de la parure, et qu'une femme, quelle que soit sa position ou son âge, peut encore paraître belle sans fourrures, ni velours, ni diamants, ni bijoux.

En entendant ces jeunes filles, ces épouses heureuses, ces mères, se raconter entre elles les joies du foyer domestique; en apprenant de leur bouche qu'une vie simple est exempte des gênes pénibles que le luxe inflige à l'orgueil; qu'elle est à l'abri des froissements d'amour-propre, des rivalités haineuses; en voyant, — privilége dont les femmes se montrent surtout jalouses, — que la douce sécurité de l'âme conserve longtemps la beauté, elles voudraient devenir comme elles.

Je vous entends me dire : — Tout ceci est bon. Mais votre appel ne sera pas entendu; et au demeurant, que prétendez-vous?

Avez-vous oublié que jamais on n'a guéri le luxe par des discours ou des livres[1] ?

Ni les sermons, ni les traités ne lui ont manqué soit dans les temps anciens, soit dans les temps modernes. Voyez à quels résultats ils ont abouti ! Aristide, par son blâme, a-t-il retardé d'un jour la chute d'Athènes? Caton, par ses lois, est-il parvenu à chasser la corruption de Rome? Jérémie, avant eux, s'était-il fait entendre de la voluptueuse Babylone? Le luxe est un fleuve né de la civilisation, et sans cesse grossi par elle; le fleuve peut, nous en convenons, devenir torrent et ravager ses rives, mais qu'y faire? »

. . . .

Je ne répondrai qu'un mot :

J'aime mon pays, je sens vibrer profondément en moi la fibre patriotique; jaloux de la grandeur et de la gloire de la France, mon cœur bat à

---

1. Delille commençait ainsi son *Épître sur le luxe* :

    Quoi! sur nos mœurs encor des sermons importuns,
    Des déclamations, de tristes lieux communs?
    — Des lieux communs! non, non.....

se rompre au seul nom de Patrie, je donnerais avec joie mon sang, jusqu'à sa dernière goutte, pour contribuer à sa prospérité ou à son bonheur. Soldat perdu de la génération présente, je n'ai pu voir s'avancer l'ennemi sans jeter le cri d'alarme.

A signaler un danger les plus petits se rendent utiles [1].

Les oies n'ont-elles pas sauvé le Capitole?

On a pu jusqu'ici prendre parti pour ou contre le luxe; tantôt le considérer comme une représentation digne d'un grand peuple, et tantôt comme un signe de la corruption des mœurs. Si on l'a tour à tour, et avec une égale bonne foi, attaqué ou défendu au nom des arts et du libre essor du commerce, de semblables disputes seraient oiseuses aujourd'hui. En présence du spectacle auquel nous assistons, il ne peut y avoir qu'une voix, — la voix de l'honneur, du patriotisme et

---

[1] « Quand on sent que le danger menace, — disait il y a deux cents ans un de nos grands magistrats, — fût-on sur le rivage et non sur le vaisseau, on doit avertir le pilote, et lui signaler l'écueil qu'il n'a pas vu de sa place. »

du devoir, — pour condamner des excès que les moins clairvoyants déplorent.

Aussi, dans les pages qui vont suivre, sera-t-il très-peu question du luxe au point de vue de son histoire, — quoique sous cet aspect restreint il y ait encore un livre utile à écrire[1]. Je passerai rapidement sur les ruines qu'il a faites dans le passé, les lois qu'il a provoquées dans tous les temps, pour m'attacher à ces deux points essentiels qui sont toute la pensée de ce livre :

Démontrer l'imminence et les conséquences du mal.

Rechercher les moyens les plus propres à y porter remède.

---

1. Cette œuvre a été entreprise par M. H. Baudrillart, de l'Institut, qui a publié l'année dernière, dans la *Revue contemporaine*, une suite d'articles sur *le luxe à Rome sous la République*.

II.

Corruption croissante des mœurs publiques. — Les gouvernements y sont étrangers. — La faute en est au luxe. — La société romaine sous Auguste et Tibère. — Nous ne sommes pas heureux ! — Le mal dont nous souffrons. — Le luxe a aggravé la maladie humaine. — Progrès de la folie. — Abaissement des caractères. — Tendances de l'éducation publique. — Le règne de l'or. — Un luxe inoffensif et un luxe dangereux. — Le luxe sous ses trois faces : moral, économique et social.

Les économistes, les moralistes, les magistrats, les orateurs et les écrivains religieux sont unanimes pour déplorer la corruption croissante des mœurs publiques.

Toutefois, la plupart des économistes nous semblent se tromper sur la véritable cause du mal, lorsqu'ils prétendent en faire remonter la responsabilité au pouvoir.

Il n'est pas de régime en France que, depuis soixante ans, les partis n'aient accusé de hâter la décadence sociale. La vérité est que ce ne sont pas les gouvernements qui altèrent les mœurs; ce sont au contraire les mœurs qui corrompent les gouvernements. Le despotisme ne s'impose pas aux peuples malgré eux, mais les peuples fatigués de la liberté parce qu'ils ne possèdent plus les vertus auxquelles la liberté oblige appellent eux-mêmes le despotisme.

Les gouvernements sont donc généralement étrangers aux progrès d'un mal qu'on les voit, au contraire, combattre par tous les moyens en leur pouvoir. C'est au luxe et non à telle ou telle forme de gouvernement qu'il faut s'en prendre.

Un jour, le Sénat romain vint supplier d'abord Auguste, ensuite Tibère, — qui n'était pas encore le tyran de Caprée, — de faire revivre les anciennes ordonnances contre le luxe. Les deux Empereurs se refusèrent à la demande du Sénat.

Ils déploraient comme lui l'étendue du mal, mais se reconnaissaient impuissants à le combattre.

Par quels moyens réformer les mœurs de ces Romains, qui allaient bientôt égorger Pertinax et Séjan pour mettre au rang des dieux Néron, Caligula, Héliogabale?

Montrons-nous plus prévoyants que le Sénat romain; ne laissons pas le mal devenir incurable avant de songer à le guérir! Notre civilisation est déjà ancienne, et si nous n'en sommes pas arrivés à cet état d'épuisement qui laisse peu d'espoir, nous avons du moins, — il faut le reconnaître, — atteint cet âge où la crise est plus dangereuse et la cure moins certaine.

Notre génération n'est pas heureuse! Elle porte avec elle tous les signes auxquels on reconnaît un peuple malade.

Sans que notre foi soit plus vive, nous construisons ou nous restaurons de tous côtés des chapelles, des églises. Nous sommes redevenus, comme au moyen âge, fanatiques des pèlerinages : nous nous rendons en foule à Notre-Dame d'Auray, à Fourvières, à Notre-Dame du Puy. On nous voit au besoin en créer de nouveaux, comme la Salette. Or, c'est lorsqu'il souffre que l'homme se montre le plus enclin à venir demander à la Divinité, même au monde surnaturel, quelque miraculeux remède à ses maux.

Nous sommes superstitieux et crédules comme les vieux Romains. Tout le bruit qui s'est fait autour des tables tournantes et des *médiums* n'est pas encore assoupi. Nous nous passionnons pour un tireur ou une tireuse de cartes[1], une somnambule ou un zouave guérisseur ; nous consultons au besoin le vol des oiseaux, — sans toutefois en rire comme l'augure antique.

Si nous ne sommes pas heureux, la faute n'en peut être qu'au luxe[2], car jamais siècle n'a pos-

---

1. La vogue se partage actuellement entre Mlle Alberti, Mme Moreau, et Mlle Élise Guloten.

2. Le vrai bonheur paraît même incompatible avec les jouissances du luxe. C'est ce que Buffon laissait entendre à son fils dans une des lettres remarquables qu'il lui écrivait en 1782, pendant son séjour en Russie, à la cour de l'Impératrice Catherine. « Je vois, — disait-il à ce jeune officier de 19 ans, — que votre jugement et votre raison se perfectionnent ; et ce que vous

sédé de tels éléments de bien-être. Il s'est affranchi de toutes les servitudes, le cercle de son activité s'est étendu, le but s'est éloigné.

Pourquoi souffrons-nous ?

Nous souffrons parce que l'équilibre se trouve rompu entre nos désirs et nos moyens ; nos besoins se sont accrus, tandis que nos forces diminuaient. Nous sommes les petits-fils dégénérés d'hommes qui ont tant dépensé d'activité vitale, qu'ils nous en ont à peine laissé pour nous-mêmes. Nous sommes malades autant des excès de leur vie exubérante que de notre propre dégénération.

Ce serait, au reste, matière à une curieuse étude physiologique, que de rechercher les diverses

---

me dites de votre satiété du grand monde et de la vie que vous êtes forcé de mener, me donne bonne opinion de votre esprit et de votre cœur. Vous verrez, mon cher ami, comme je vous l'ai toujours dit, que le vrai bonheur ne consiste pas dans le faste, et je ne suis pas fâché que vous ayez essayé de bonne heure de cette espèce de jouissance qui fait l'objet des désirs de ceux qui ne la connaissent pas. »

Correspondance inédite et annotée de Buffon, t. II, p. 149.

sortes de maladies morales et physiques auxquelles, dans tous les temps, les peuples ont été soumis.

A Rome, les contemporains de Lucullus et de Pollion mouraient d'indigestion ou d'apoplexie, — à moins que leur propre esclave, ou un ordre de l'Empereur ne fût venu auparavant les délivrer du fardeau de la vie. La féodalité, qui est aux temps modernes ce que l'âge de formation est à l'homme, nous apparaît travaillée par les maladies contagieuses et les maladies de langueur, — plaies vives toujours ouvertes au sein de la société moderne, et qui ont corrompu son sang le plus pur. Au temps de Henri III, sous le Régent et Louis XV, la jeunesse mourait d'épuisement, avant d'être parvenue à l'âge d'homme[1]. Presque tous les hommes de la Révolution furent atteints de maladies inflammatoires : Mirabeau, Marat, Danton, Robespierre.

---

1. Cela arrive bien encore quelquefois; comme, par exemple, au marquis de Hastings, dernier représentant d'une race contemporaine des Plantagenets, qui vient de mourir à Londres, à vingt-sept ans, ruiné de santé et de fortune.

Le sang affluait trop vite au cœur de ces tribuns.

La maladie de notre XIXe siècle est l'aliénation mentale, mal horrible qui, pour mieux terrasser l'homme, le prend à la tête.

A Rome, on en était venu à ne vivre que de l'estomac; au temps de la Régence on vivait par les sens, pendant la Révolution, par le sang. Aujourd'hui nous vivons avec excès par le cerveau.

Dans la carrière illimitée de la fortune et des honneurs, bien des ambitions sombrent en route. Le luxe montre à tous un but auquel tous ne peuvent atteindre. D'un premier échec on se relève rarement[1]; et les maisons d'aliénés, dont les enceintes devenues trop étroites s'élargissent chaque jour, se peuplent en silence d'ambitieux déçus et de joueurs malheureux.

De l'estomac le mal est monté au cœur; par le cœur il a gagné le cerveau.

---

1. Il résulte d'une statistique récente que l'on compte actuellement en France un fou par quatre cents habitants.

Le luxe a donc cette première conséquence d'aggraver encore la maladie humaine.

Chaque âge a son caractère propre.

La féodalité nous offre l'image du règne de la force. Alors, malheur aux faibles! Avec la Renaissance l'esprit l'emporte sur la force brutale; mais la faveur et le privilége règnent sans partage. Avec le XVIIIe siècle se lève la glorieuse aurore de la raison.

Nous en sommes au règne de l'or[1]. Finance est synonyme de jouissance. Le langage moderne en est venu à associer ensemble deux idées que tout un monde séparait autrefois, et on a pu dire,

---

1. L'honneur avait fait place à l'argent; des fortunes monstrueuses se dissipèrent dans les fantaisies et les profusions d'un luxe nouveau... Les esprits s'accoutumèrent à une sorte d'indifférence immorale qui s'étendait à tous les objets, en même temps que l'amour de l'or altérait tous les principes.

La Harpe, *Cours de littérature*.

Ponsard a dit, dans *l'Honneur et l'Argent* :

> L'argent... l'argent c'est la seule puissance.
> On a quelque respect encor pour la naissance,
> Pour le talent fort peu, point pour la probité;
> Mais qui sait s'enrichir est vraiment respecté.

Acte IV, scène v.

sans que ni l'oreille ni le goût en soient blessés :
— *Un Prince de la finance.*

Le financier est bien en effet le Prince des temps modernes. Plus altérés de jouissances que de gloire, nous nous inclinons sans murmure devant son despotique empire. Tous nos jeunes gens s'éloignent de la carrière des armes et de la culture des lettres pour adorer le veau d'or.

Les intelligences ont paru fléchir en même temps que les caractères.

Les valeureux pionniers, philosophes, historiens, poëtes, orateurs, auxquels le commencement de ce siècle est redevable de son lustre, sont déjà tombés un à un; sur la nuit qui nous menace je ne vois se lever aucune étoile.

Dans cette France, depuis longtemps proclamée la capitale de l'intelligence, l'armée intellectuelle, — en tant qu'elle s'applique à l'étude des grands mystères de l'âme, ou à la contemplation des muettes harmonies de la nature, — ne fait plus que de rares recrues. Pourtant l'esprit est loin de manquer; seulement toutes nos facultés, perverties par le luxe, se tournent du côté du matérialisme, voilé sous la désignation plus vague et moins brutale de : — *la vie pratique.*

La masse des richesses, et par conséquent le bien-être général, se sont notablement accrus dans ces derniers temps ; mais, par une compensation affligeante, le niveau intellectuel et moral a incontestablement baissé. Un plus large développement de l'instruction nous permettra du moins de comparer l'intelligence à un temple dont les précieux restes forment l'ornement de mille demeures.

Rien ne me consolera de l'abaissement des caractères !

Tout mouvement moral et social remonte à l'éducation. L'éducation publique, — la seule dont j'entende parler ici, — s'est faite progressive et rénovatrice comme tout le reste. Encore hésitante entre plusieurs voies, elle cherche néanmoins de plus en plus à s'écarter des anciennes. Plusieurs systèmes sont en présence. Chaque chef d'école soutient que son procédé est le bon ; — auquel croire ? Pendant qu'on hésite, qu'on tâtonne, qu'on discute, les générations s'élèvent sans avoir pour se conduire les règles de l'ancienne discipline, et sans trouver à leur place les préceptes de l'ordre nouveau.

L'enseignement tend à devenir exclusivement pratique, mathématique, scientifique et industriel. La méthode actuelle consiste à considérer l'intelligence comme un capital qui doit produire un fort intérêt; aussi la traite-t-on, dans les écoles, avec une âpreté toute mercantile. On la surmène, on la fatigue, on l'excède; et il arrive que le capital s'anéantit entre des mains imprudentes.

On brise l'arc à force de le tendre.

Cette fâcheuse direction de l'enseignement moderne a pour cause les excitations incessantes du luxe. Les pères de famille veulent mettre entre les mains de leurs enfants tous les éléments du succès.

L'éducation domestique a fléchi en même temps que l'éducation publique. Pendant que l'enseignement intellectuel s'efforce d'embrasser l'ensemble des connaissances humaines, l'éducation de l'âme est délaissée.

L'âme s'élèvera si elle peut!

Aussi, tandis que je compte en foule dans la génération avec laquelle je marche des mathématiciens, des chimistes, des physiciens, des ingénieurs, des inventeurs, j'y cherche vainement des caractères!

Ce sont eux pourtant qui assurent la grandeur et la force des Empires.

Platon, voulant des hommes dans sa république, commença par en bannir la richesse.

Le luxe, qui corrompt l'homme moral, énerve l'homme physique. A son contact les peuples guerriers perdent leur valeur, les peuples libres leur indépendance.

Le luxe, c'est Capoue pour l'armée d'Annibal, l'Asie pour les légions de Crassus.

En censurant son excès, je n'entends point parler de ce luxe relatif, signe de prospérité et de bon goût, qui convient à un pays actif, intelligent et riche comme est le nôtre, à une nation éclairée qui, depuis longtemps, excelle dans les arts. Un tel luxe, renfermé dans de justes bornes, est la parure des nations.

Le luxe qu'il nous faut combattre est, — suivant la définition excellente qu'en a donnée M. de Kératry : — « celui qui crée des besoins mensongers, exagère les besoins vrais, les détourne de leur but, établit une concurrence de prodigalité ruineuse entre les citoyens; offre aux uns des satisfactions d'amour-propre qui enflent le cœur, mais ne le nourrissent pas, et présente aux autres le tableau d'un bonheur auquel ils ne pourront jamais atteindre. »

« Le luxe du confort, — a dit, d'autre part, M. Batbie, — est légitime pour ceux qui ont le moyen de se le procurer; tandis que le luxe extravagant n'est jamais légitime, quelle que soit la fortune de ceux qui le payent[1]. »

---

1. *Nouveau cours d'économie politique*, t. II. p. 58. Paris 1866.

Hume s'est montré plus sévère : « Ce qu'on ajoute, — dit-il, — aux simples nécessités de la vie, les recherches et les délicatesses qu'on apporte dans les plaisirs permis, sont un luxe; mais ce luxe, innocent en lui-même, est cependant dangereux et peut même être regardé comme un vice, lorsqu'il absorbe toute la dépense d'un citoyen, et le met hors d'état de remplir les devoirs que sa fortune et son état exigent de lui. Supposons qu'un père de famille, vivant dans les bornes de sa condition, au lieu d'employer tout son revenu à des dépenses de faste et de

Aucune équivoque ne peut naître. Il y a un luxe permis et un luxe défendu; la distance qui les sépare est même si grande qu'on ne peut, sans mauvaise volonté, les prendre l'un pour l'autre.

Le luxe dangereux n'est pas l'usage de la richesse, mais son abus. Il consiste, non dans la satisfaction plus ou moins fastueuse de nos besoins légitimes, mais dans la création de besoins factices, et une consommation aussi préjudiciable à l'État qu'à l'individu. Il peut se définir : — le mauvais usage du superflu.

Les graves questions qui s'y rattachent doivent être envisagées à un triple point de vue.

---

plaisir, le partage avec ses enfants, auxquels il donne une excellente éducation, avec ses amis, qu'il aide dans leurs besoins, et avec les pauvres, qu'il secourt dans leurs nécessités, il n'en résultera certainement aucun préjudice pour la société, il s'y fera au contraire la même consommation ; la portion de travail qui n'aurait été utile qu'aux plaisirs d'un seul homme sera employée au soulagement de cent malheureux. La même somme d'argent dépensée pour forcer la nature et faire manger à un homme sensuel des fruits parvenus à leur maturité avant la saison qui leur est propre peut faire subsister une famille entière durant six mois de l'année. »

Essai sur le Luxe.

D'abord au point de vue moral, — parce que, chez un grand peuple, l'intérêt moral figure au premier rang.

Ensuite, au point de vue social et économique.

III.

L'égoïsme, premier fruit du luxe. — Le luxe étouffe le désintéressement et la générosité. — Il a son type dans l'enfant unique. — Mot d'ordre du monde nouveau. — L'admiration stupide du succès. — Le maréchal de Villars et le financier. — Les liens sociaux se détendent. — Notre gaieté s'en va. — Ravages de la vanité. — Les salons d'autrefois et ceux d'aujourd'hui. — Les *Tableaux vivants*. — Rôle du mari. — Les trois aunes de drap de Mme Geoffrin. — Mme Récamier.

Au point de vue moral, il est certain que le luxe amollit les âmes, qu'il étouffe le germe des vertus publiques et privées, et développe outre mesure l'instinct au détriment du caractère. Le cœur se refroidit, et le calcul est seul appelé désormais à en régler les élans.

L'égoïsme se trouve au bout de toutes les actions de l'homme corrompu par le luxe.

Je vois avec tristesse l'égoïsme nous envahir; non pas cet égoïsme grossier du sauvage qui reste étranger à tout ce qui n'est pas lui; mais un égoïsme aimable, raffiné, parlant une langue polie, louant au besoin des vertus qu'il ignore, prenant même, sans qu'il lui en coûte, les apparences d'une fausse philanthropie.

La famille, venant en aide à l'égoïsme, a enfanté, dans ces derniers temps, un type, aujourd'hui très-répandu de rare qu'il était autrefois, où tous les instincts personnels se trouvent en germe et prêts à éclore. J'entends parler de l'enfant unique, cette exception aux lois de la nature et aux lois de l'amour.

Comment un tel être pourrait-il apprendre les vertus de dévouement et de sacrifice? Seul dans ses plaisirs comme dans ses peines, seul dans ses jeux, il s'accoutume à tout rapporter à lui, et n'apprend pas à se dévouer à ses frères les hommes. Les qualités expansives n'auront pu naître, tandis que tous les vices de l'appropriement ont trouvé les circonstances les plus favorables pour fructifier.

La société vit dans l'enfant comme les parures du prochain été, les fruits du prochain automne vivent dans la séve latente de l'arbre. Les mauvais germes, que la société et la famille se plaisent à caresser, produiront de mauvais fruits; quelque jour l'égoïsme gouvernera le monde.

Plus de désintéressement. — Comment être désintéressé lorsqu'on en est venu à se créer des besoins sans nombre et à se faire une habitude de tout rapporter à soi? — Plus d'élans chaleureux, plus de nobles susceptibilités provoquées par cette fière indépendance, qu'il faut se garder de confondre avec une opposition haineuse ou jalouse.

L'âme s'est amollie, les sens sont devenus exigeants. Au lieu d'envisager la vie par le côté sérieux du devoir, l'homme n'y voit qu'une âpre lutte dans laquelle le succès légitime les moyens, et l'âme humaine en arrive à s'incliner devant le succès.

Cette admiration stupide du succès constitue la plus honteuse des bassesses[1].

La société se met du parti des heureux et des forts. La vertu courageuse, la probité stricte qui préfère la médiocrité, même la gêne, à une fortune mal acquise, sont considérées comme autant de maladresses.

Le mot d'ordre est : — *Réussissez!*

Avec l'audace qui en impose aux timides et le faste qui éblouit la foule, le plus fieffé coquin pourra, à la rigueur, passer pour un honnête homme.

On rapporte que le maréchal de Villars ayant dit un jour à un traitant coupable des plus audacieuses malversations : — « Monsieur, vous êtes un fripon et je vous ferai pendre! » le financier répliqua : — « Allons donc! monseigneur, on ne

---

[1]. Ces vérités qu'il est bon que notre temps entende, et qu'on ne saurait lui représenter sous trop de formes à la fois, ont trouvé un énergique et éloquent interprète dans l'illustre auteur de *la Bourse :*

> Le succès, qui fait seul le mérite ou le crime,
> Change l'estime en blâme et le blâme en estime.
>
> Acte IV, scène III.

pend pas un homme qui a cent mille écus[1] ! »

Le luxe, facilement prodigue lorsqu'il s'agit de ses plaisirs, devient tout particulièrement l'ennemi de la générosité. Si la générosité est l'élan du cœur au dehors, la pratique d'une vie adonnée au luxe consiste à attirer à soi les choses du dehors et à se les assimiler dans un intérêt exclusif.

Le propre du magnifique est d'être toujours pauvre[2]. Tandis que sa vanité et sa lubricité

---

[1]. Oh ! l'estime publique ! elle est vers les écus :
Elle suit le *succès*, et quitte les vaincus.
Qu'un homme soit sans foi, trahisse sa parole,
S'enrichisse aux dépens des gens simples qu'il vole,
Qu'habile à manier des chiffres imposteurs,
Il soit le plus fripon des grands spéculateurs,
Et se retire enfin trois fois millionnaire,
Tandis que l'hôpital s'ouvre à l'actionnaire ;
..... Il est riche, il reçoit, ses dîners sont vantés ;
Il suffit ! Ses salons seront très-fréquentés ;
On verra s'y presser la bonne compagnie ;
S'il court de méchants bruits, c'est qu'on le calomnie.
     L'Honneur et l'Argent. Acte Ier, scène III.

[2]. « Deux prodigues semblaient un jour disputer entre eux lequel ferait les plus folles dépenses. Il me semble, — dit une

entretiennent chèrement les vices les plus abjects, il ne trouve pas le moyen d'être charitable[1].

Le luxe, en empêchant l'assistance du pauvre par le riche, en détruisant la bienveillance entre personnes de la même condition, fait naître l'envie et substitue les rivalités, même les haines, à la confraternité. L'homme s'isole ; la contemplation de son orgueil et la compagnie de ses vices lui suffisent. La sociabilité, cette vertu aimable des sociétés policées, disparaît en même temps que la confraternité.

De tous côtés on entend se plaindre que les liens sociaux se relâchent. Il est vrai que la cordiale et franche intimité, l'antique bienveillance, tendent de plus en plus à disparaître des relations des hommes. La société, dans la classe intelligente, au lieu de se grouper en familles amies,

personne d'esprit, — que je les vois se faire des compliments à la porte de l'hôpital, pour s'inviter l'un et l'autre à y entrer le premier. »
   L'École des mœurs, édit. de 1808, t. III, p. 251.

1. On trouvera la charité signalée comme remède au luxe dans l'énumération des moyens propres à le guérir.

se divise en partis hostiles. On ne se connaît plus et on est tout prêt à se mal juger. La défiance a pris la place de l'abandon.

Si nous nous réunissons, ce n'est pas pour obéir à ce besoin inné qui pousse l'homme à rechercher la société de ses semblables, mais uniquement afin de faire assaut de vanité ou de folie. Nous cherchons à nous tromper les uns les autres sur les moyens dont nous disposons : il est si flatteur de passer pour riche, ou puissant, ou répandu !

Nous ne pouvons rien faire simplement. On voit chacun affecter un genre qui n'est pas le sien, mais qu'il s'est accoutumé à considérer comme les manières de la distinction ou de la richesse. Il en résulte pour tout le monde de la gêne et de l'ennui.

Les dîners furent longtemps une des plus douces fêtes de la vie intime.

Le luxe croissant de la table, l'émulation qu'il fait naître, ont rendu ces plaisirs de plus en plus rares. Un dîner est aujourd'hui une réunion d'apparat dans laquelle on prodigue les mets coûteux, les vins, les toilettes, les fleurs, les lumières[1].

Au milieu de tout ce faste, il manque un hôte aimable qui, autrefois, faisait à lui seul les frais du repas.

Cet absent, c'est la gaieté !

Hélas ! notre gaieté nous quitte ; cette douce gaieté française renommée pour son bon goût, sa délicatesse, et qui était comme l'apanage de notre caractère ouvert loyale et facile. Le luxe l'a chassée. Elle ne peut plus éclore au milieu des soucis qui nous rongent[2], elle serait mal à l'aise entre l'orgueil et la vanité !

---

1. Les lois somptuaires contre le luxe de la table, si nombreuses à Rome, furent rares chez nous, où elles n'ont jamais égalé en sévérité les ordonnances contre le luxe de l'habillement, du mobilier ou des équipages. De sorte que si on a pu nous soupçonner justement de vanité, d'inconstance, de prodigalité et de légèreté, nous n'avons du moins jamais, à aucune époque, partagé ce vice honteux des Romains de la décadence : *la gloutonnerie.*

2. Je recueille dans un *Tableau des mœurs* du dernier siècle ce passage relatif à la gaieté : — « Parmi les causes de notre état actuel on compte le luxe qui, gagnant tous les états, a livré les âmes à l'inquiétude, aux soucis et aux alarmes qui suivent le manque du nécessaire. Les besoins qu'il étend et multiplie, l'avidité que suggèrent ces besoins, sont le poison de la *gaieté.*

La gaieté n'est pas seulement un rayon dans notre vie sombre; elle témoigne d'un heureux équilibre des facultés de l'âme, et du repos de la conscience. Elle est la parure de l'honnête homme. Elle nous porte à la bienveillance, à la bonté, à la tolérance. Les peuples gais sont généralement artistes, braves, intelligents, accueillants, sympathiques aux étrangers. Comparez le Français, même l'Italien, — auquel on ne peut guère reprocher que sa légèreté et sa paresse, — au Musulman taciturne!

Ne nous hâtons pas toutefois de prendre le deuil de notre ancienne gaieté. Tâchons de rappeler cette douce fée parmi nous. Devenons simples, afin de ne plus l'effrayer par nos manières nouvelles. Elle nous récompensera de nos moindres sacrifices!

Pour cela comme pour tout le reste, il faudrait que quelqu'un de haut placé donnât l'exemple.

<small>Rome en fit la triste épreuve quand le luxe y eut énervé les âmes et les esprits. C'est ce qu'indique Paterculus en appelant *virum hilaritatis priscæ* le premier homme de la cour de Tibère. »

Lettres de Londres, 1774, t. II, p. 148. </small>

Actuellement, le ton général oblige les personnes qui reçoivent à augmenter leur dépense; ce qui est un motif pour qu'elles reçoivent moins souvent. Dans les réunions les plus intimes, — parties de campagne, parties de chasse, dîners, soirées, concerts, — on voit les femmes arriver avec des toilettes de prix. Pendant que l'orgueil des unes s'épanouit et que la vanité des autres endure une humiliation cruelle, on s'observe et on se déchire. Après plusieurs heures de cette guerre intestine, chacun se retire fatigué et mécontent; les hommes songeant avec humeur aux pertes qu'ils ont faites au jeu, les femmes rêvant toilettes nouvelles, les maîtres de maison se promettant de ne recommencer que le moins souvent possible!

Aussi n'y a-t-il plus que les personnes obligées par leur intérêt, leur orgueil, leur position sociale ou officielle, qui consentent à ouvrir leurs salons.

Dans nos appartements modernes, le luxe vulgaire des dorures et des glaces a remplacé une décoration discrète et de bon goût. Une foule banale les remplit; on s'y rencontre de même que sur une place publique. On s'y coudoie sans se connaître.

Comme aucune pensée de convenance, de position sociale ou de rapports n'a dirigé le choix des maîtres de la maison, les cœurs sont demeurés fermés; et l'esprit, le bon esprit, celui qui s'alimente à la fois de cordialité et de bienveillance n'a point paru.

Il est vrai que, pour en tenir lieu, nous nous rejetons sur les sens.

C'est incontestablement un plaisir sensuel que de rencontrer, chaque soir, dans le monde, des femmes jeunes, jolies, richement parées, qui, confiant à d'étroites et imperceptibles bretelles le soin de retenir leur corsage, abandonnent aux caresses de la lumière et à toutes les convoitises du regard leurs blanches épaules, leurs seins nus, leurs bras aux gracieux contours.

C'en est un autre que de voir les mêmes femmes, tantôt costumées en nymphes, en naïades, en Vénus, ou en Dianes, représenter en groupes ou isolément des scènes de la mythologie ou de l'histoire.

Les tableaux vivants furent surtout de mode l'avant-dernier hiver[1].

Pendant ce temps, le mari, — nouveau Candaule, — applaudissait, perdu dans la foule, à cette exhibition des formes de sa femme, plutôt accusées que voilées par de légères draperies et un maillot indiscret. Le public, composé en majorité d'hommes, — ce qui augmentait l'inconvenance du spectacle, — n'était pas toujours parfaitement connu des maîtres de la maison; ceux-ci, se préoccupant en général beaucoup moins de la qualité des personnes que de leur nombre.

Lorsque nous voulons témoigner du succès d'une fête, nous supputons ce qu'elle a coûté.

Que nos réunions modernes sont loin de ressembler à ces salons d'autrefois, au sein desquels

---

1. En critiquant *les tableaux vivants*, je n'ai en vue que leurs abus. Ces distractions peuvent être aussi décentes que convenables; et le mari le plus soucieux de la réputation de sa femme n'aura rien à reprendre à la voir figurer dans un groupe représentant, avec les riches costumes qui en sont l'accessoire, des scènes historiques ou bibliques, telles que *Catherine de Médicis à la cour de France*, — *Marie Stuart*, — le *Triomphe d'Ester*, — *Rebecca et Jacob*, etc. Il lui sera seulement permis de trouver que c'est un plaisir coûteux!

se conservèrent longtemps les usages de la bonne compagnie et le prestige de l'esprit français !

Chacun s'y connaissait; on aimait à s'y retrouver une ou plusieurs fois par semaine. On arrivait de bonne heure, les femmes simplement mises, les hommes en petit nombre. L'intimité, la cordialité, la confiance, une discrète gaieté, y régnaient sans partage; les femmes brillaient par leurs qualités aimables, les hommes se reposaient, dans leur commerce, des fatigues et des épreuves de la vie publique. La maîtresse de maison, — car toujours il s'est trouvé une femme à la tête de ces réunions choisies, — mettait au service de ses visiteurs un tact qui empêchait les rivalités : il ne lui fallait pas, au reste, de grands efforts, car avec de tels éléments la vanité ne pouvait naître. Le roseau ne croît pas au sein des ondes pures !

Les Princes des nations voisines, venus en France pour y apprendre notre langue et s'instruire de nos usages, ne manquèrent jamais de solliciter la faveur d'être admis dans ces salons d'élite. Le jour où ils y paraissaient, il y avait seulement un invité de plus.

La maîtresse de maison imaginait pour ses habitués des attentions et des délicatesses qui nous font sourire. Chacun avait sa place attitrée, même son siége particulier; en cas d'indisposition ils étaient soignés comme chez eux, et s'y trouvaient aussi à l'aise. Mme Geoffrin envoyait, à chaque renouvellement d'année, aux hommes de sa société intime, trois aunes de drap neuf pour une paire de culottes.

Le dernier salon s'est fermé en France le jour où l'Abbaye-au-Bois a perdu Mme Récamier.

IV.

Le luxe mène à l'improbité. — Quelques exemples. — Son enseignement sur la classe ouvrière. — Il tue le respect. — Un mot de Mme de Staël. — Suppression des formes. — Affaiblissement des liens de famille. — Relâchement de l'autorité domestique. — Un premier coup d'œil sur les parents et les enfants. — La tradition. — Sa valeur sociale. — Le luxe prospère dans les temps de calamités. — Ysabeau et Jeanne d'Arc. — Le Patriotisme.

Le luxe allume et entretient la cupidité, il déprave la conscience, et conduit par une pente fatale à l'improbité.

L'homme qui se laisse séduire par lui ne recule devant aucun moyen; la crainte du châtiment est impuissante à l'arrêter[1]. Les plus

[1]. « Lorsque le luxe est porté à l'excès, les plus riches même

récentes statistiques du Ministère de la justice relèvent une progression sensible dans les crimes ayant la cupidité pour mobile. Les vols qualifiés ont subi une augmentation de 14 pour 100. Les actes contre la délicatesse, les abus de confiance, les escroqueries ont pareillement suivi une marche ascendante. Ces délits sont devenus plus fréquents parmi la classe intelligente. Ils se sont propagés chez la jeunesse, presque l'enfance; en 1866, on comptait 173 accusés mineurs de plus qu'en 1865.

Ce sont aujourd'hui des aventures fréquentes de voir un comptable s'enfuir avec les fonds dont il était le dépositaire, un caissier disparaître

---

s'en trouvent incommodés dans leurs affaires, et ils sont quelquefois contraints *d'avoir recours à de mauvais moyens* pour entretenir une si grande et si vaine dépense. L'imitation de semblables désordres est toujours un mal si contagieux, qu'en peu de temps la coutume autorise des superfluités que chacun a blâmées à leur naissance. La mode s'en établit, et force les plus sages de suivre avec regret un abus introduit par l'esprit déréglé de quelques particuliers, et qui est devenu public par la trop grande facilité avec laquelle on se laisse aller à leur mauvais exemple. »

Delamarre, *Traité de la police*, t. Ier, ch. v, liv. III, p. 371.

en laissant sa caisse vide[1] ; un agent de change *sauter*[2], — suivant l'expression reçue, — un commis abuser de la confiance de son patron, un mandataire omettre de rendre compte de son mandat; un officier public, pris à son tour du vertige de la spéculation, jouer à la Bourse et ruiner d'un seul coup un grand nombre de familles; un spéculateur impudent faire naître par d'habiles manœuvres l'espérance de gros bénéfices, se jouer quelque temps de la crédulité

1. On peut citer, pour mémoire, l'aventure du caissier de la succursale de la Banque de France à Poitiers, et celle du banquier Hastron qui, grâce à ses titres d'ancien maire de Poitiers et de chevalier de la Légion d'honneur, put retarder de vingt-quatre heures le départ du paquebot qui devait assurer sa fuite.
2. On lisait dans les journaux de juillet 1868 : « Sept coulissiers ont sauté; les désastres ne se bornent pas là. »
— « Nouveau sinistre à la Bourse. Encore un agent de change qui vient de *sauter*. Il y a trois jours un coulissier malheureux s'était brûlé la cervelle. »
Le Siècle, du 22 juillet.

On voudra bien n'être pas surpris de me voir fréquemment citer les journaux, dont le témoignage ne pourra paraître au reste déplacé dans un livre de la nature de celui-ci. Je parle d'un mal actuel, j'ai besoin dès lors de consulter les organes les plus immédiats et les plus divers de l'opinion, ceux qui s'imprègnent chaque jour de sa pensée, afin de me prouver à moi-même que je suis entièrement d'accord avec elle.

publique, puis disparaître en emportant le fonds social.

Tous ces délits et ces crimes, qui remplissent nos journaux judiciaires, ont pour cause unique les convoitises et les entraînements du luxe.

Il y a quelques années, à Mâcon, le Comte de N., jeune homme élégant marié à la fille d'un riche industriel de cette ville, avait amené de Paris son valet de chambre âgé de dix-neuf ans, et doué de la plus heureuse physionomie. Une nuit, les portes de l'usine furent fracturées, les barreaux des fenêtres sciés, et 30,000 francs enlevés de la caisse. L'auteur de cette soustraction audacieuse n'était autre que le valet de chambre du Comte. La police le retrouva à Paris, où il se livrait, sous le nom d'emprunt du Vicomte de Watteville, à une vie de luxe et de plaisir. Il occupait un riche appartement dans le quartier à la mode, fréquentait les jardins publics, les spectacles, les courses, les concerts, et promenait au bois, dans un élégant équipage, une actrice des boulevards. Son arrestation eut lieu au Grand-Hôtel, pendant un bal qu'il donnait à ses nouveaux amis. Devant ses juges il ne songea pas à excuser son crime; il en révéla les circonstances aggravantes, avouant que, témoin journalier de la vie facile et luxueuse de ses maîtres, il avait été pris du désir d'en goûter à son tour.

A peu près dans le même temps, à Rennes, un employé du chemin de fer de l'Ouest, jusqu'alors honnête homme, bien noté de ses chefs, porté pour un avancement rapide, profitait de la confiance qu'on lui témoignait pour s'emparer de la caisse que le receveur particulier d'une ville voisine envoyait au payeur du département. La caisse renfermait 40,000 francs. Les prodigalités de l'employé infidèle ne tardèrent pas de le faire découvrir. Il avoua, lui aussi, qu'il s'était laissé tenter par le luxe dont il avait le changeant spectacle sous les yeux. Il avait voulu vivre, ne fût-ce qu'un jour, de la vie de ces élégants touristes qu'il voyait, chaque saison, se diriger vers les stations d'eaux ou en revenir.

Tel est pour la classe laborieuse le pernicieux

enseignement du luxe; tels sont, au point de vue de l'honnêteté, les entraînements auxquels il peut conduire.

Le luxe tend de plus en plus à détruire dans tous les rangs sociaux la grande loi du respect.

Ce qui manque surtout à ce siècle, — a dit madame de Staël, — c'est le respect!

Il naît de l'exemple de la vertu, et ne résiste pas au spectacle de la richesse prenant le pas sur la vertu.

On respecte sans effort une supériorité qui provient du savoir, du talent, de l'éclat d'une fonction élevée; on traite avec égard une fortune acquise par l'épargne ou le travail, et elle ne fait naître d'autre sentiment que celui d'une louable émulation. Mais la vue de ces fortunes faites en un jour qui ne servent qu'à alimenter les extravagances du luxe, et se dépensent d'autant plus facilement qu'elles ont moins coûté à acquérir, donne lieu à des comparaisons irritantes.

On ne peut respecter ce qui n'est pas digne d'estime; le peuple, en voyant le succès de ces enrichis équivoques, finit par se dire que la hiérarchie sociale honore et protége leur fortune : dès lors il la respecte moins ; si le scandale ne cesse promptement, bientôt il ne la respecte plus.

Les gouvernements les meilleurs deviennent les victimes innocentes d'abus qu'ils n'ont su ni peut-être pu empêcher.

C'est parce que la prospérité scandaleuse des traitants, le luxe des fermiers généraux, les orgies du régent et de Louis XV avaient achevé de détruire ce qui restait de respect pour la monarchie, que la tête de l'infortuné Louis XVI est tombée sous le couperet du bourreau !

Dans ce siècle de mœurs positives on estime que s'affranchir des formes c'est simplifier les choses. On a considéré le respect comme un vieil usage qui méritait tout au plus des égards et on s'est attaché à supprimer tout ce qui pouvait en être retiré sans trop de dommage.

La famille, cette antique et respectable école du respect, au lieu de résister aux tendances du jour, paraît se laisser entraîner par elles.

Les parents, en quittant les mœurs graves de leurs pères, ont commencé par perdre de leur légitime empire sur leurs enfants. Les dehors mêmes ne sont plus respectés. Sous le prétexte qu'un père doit être l'ami de son fils, le chef de famille tolère, encourage une familiarité déplacée. Le fils et le père sont l'un avec l'autre sur le ton de la camaraderie, sur le pied d'une parfaite égalité, et on voit des pères, restés trop longtemps jeunes, se faire gloire de partager les égarements de leurs fils.

Les pères ne trouvent plus le loisir de veiller à l'exercice et au maintien de leur pouvoir.

Dans cette association domestique à laquelle l'usage continue de donner le nom de famille, je vois bien un père, une mère, des enfants; mais le lien manque, et les épis de la gerbe sont épars.

Le luxe, en enlevant à la famille de son autorité, aura cette conséquence fâcheuse qu'il jettera dans le tourbillon des intérêts et des convoitises des âmes ardentes non disciplinées. Ce sera pour la société une source de dangers nouveaux, car la famille représente les fondations; le jour où les fondations manquent, la solidité de tout l'édifice est menacée.

Ce sera en outre une garantie de moins pour le bonheur des individus.

Le respect naît de l'amour, non de la crainte; il s'impose par les actes, mais ne se commande pas. Il suit la loi des affections du cœur.

Comment pourrait-il naître chez l'enfant qui voit son père et sa mère fort peu préoccupés de lui, tandis qu'ils sont absorbés par le soin d'eux-mêmes? Il ne sent plus le contrôle de leur vigilant amour; il les connaît à peine, car des bras d'une nourrice il est passé sous la direction d'un gouverneur ou d'une gouvernante, ou a été placé au collége tout petit. Si ses parents sont pauvres, il a été mis en apprentissage. Jamais il n'a recueilli de leur bouche ces paroles graves que les enfants de tous les temps n'écoutent guère, mais dont le jeune homme se souvient.

Dès lors, si l'on entend plus qu'autrefois les parents se plaindre des enfants ingrats, de leur froideur, de leur manque d'égards, la faute n'en est pas tout entière aux enfants!

Ceux-ci, avec une semblable éducation, subissent l'autorité paternelle comme un joug dont ils ont hâte de s'affranchir. Au lieu de considérer la famille comme une patrie, de l'aimer comme un berceau, d'en rapporter la douce et salutaire image de leurs parents incessamment préoccupés de leur bonheur et veillant sur eux comme une providence visible, d'y rattacher, dans leur âge mûr, le cher souvenir de leurs frères et sœurs, — premiers compagnons de leurs jeux, ils n'y voient qu'un obscur théâtre sur lequel aimaient à s'exercer l'égoïsme et l'absolutisme paternels. Aussi, à peine sortis de l'enfance, ils aspirent à la liberté ; et un beau matin, n'ayant pas encore toutes leurs plumes, ils s'envolent, — imprudents oiseaux, — à tous les points de l'horizon. Ils remplissent l'air du bruit de leur turbulence, de leur inexpérience, bientôt du bruit de leur chute ; car la société qu'ils troublent et qu'ils accusent ne peut leur épargner un désastre, ni même suppléer aux lacunes de l'enseignement domestique. Quoi qu'elle fasse, elle sera impuissante à inspirer, avec ses seules forces, à ces fugitifs de la famille dont elle fera des militaires, des fonctionnaires, des industriels, des avocats, des écrivains, le culte nécessaire du respect.

Sans prétendre complétement restaurer parmi nous ces types admirables d'anciennes familles chrétiennes, — grasses pépinières d'où la société tirait d'âge en âge des sujets vigoureux, — je voudrais trouver plus de véritable abnégation chez les parents, afin d'être en droit d'exiger de la part des enfants plus de respect et d'attachement aux traditions domestiques.

La tradition est un lien qui unit fortement l'homme aux principes et aux choses, lien utile pour contre-balancer les tendances de son caractère inconstant et léger.

C'est elle qui, échauffée par le Patriotisme, maintient la fidélité à la foi jurée et l'attachement au drapeau ; elle qui constitue ces familles honorables dont la cité est fière, en entretenant chez les fils la noble ambition d'imiter leur père, — si leur père fut un exemple, — ou le pieux désir d'effacer ses fautes par l'éclat de leur vertu.

La tradition retient l'homme dans sa voie, tandis que le luxe le jette sans cesse dans des entreprises nouvelles. Ami des nouveautés, passionné pour le changement, ennemi des choses les meilleures par cela seul qu'elles sont, le luxe donne naissance à des ambitions sans frein.

On commence par cacher son origine qu'on est toujours enclin à trouver obscure; et, pour mieux faire oublier son père, on l'oublie soi-même. Bientôt on méprise cette demeure simple, ce mobilier modeste, qui viennent de lui et devraient rappeler maints précieux souvenirs, on s'éloigne sans regrets de la ville où on est né, où on a passé ses premières années, de la province où sa famille est connue, pour venir dans un lieu nouveau, dans une ville étrangère, sans liens dans le passé, sans engagements dans l'avenir, sans rien qui encourage ou retienne, former un établissement dont nos enfants ne se soucieront plus à leur tour.

Avec l'instabilité de la vie moderne et les malaises sourds que provoque le luxe, l'homme ne demeure jamais longtemps dans la même place;

les chemins de fer l'emportent de province en province, de pays en pays. La vapeur a changé autant les conditions morales de la vie que ses conditions économiques. Les familles sont devenues nomades; l'attachement au sol n'existe plus que dans le souvenir.

Le culte de la tradition a même si complétement disparu de nos mœurs, que certaines gens demandent avec surprise à quoi cela peut servir, — comme la rate au corps humain !

Le luxe ne se contente pas d'amoindrir l'autotorité en attaquant le respect et la tradition. Tôt ou tard il étouffe le Patriotisme, cette noble vertu des nations, qui est la loi de leur honneur et la sauvegarde de leur indépendance.

Le jour où l'amour de l'or et le besoin des jouissances matérielles ont définitivement pris dans les cœurs la place des vertus publiques, il n'y a pas de bassesse ou de lâcheté dont l'homme ne devienne capable. Pour de l'or on le voit vendre son honneur, trahir son prince, livrer sa patrie.

Mézeray explique les trahisons de la noblesse

sous Philippe de Valois.... « par cette raison que les nobles et les grands, dégénérant de la frugalité de leurs ancêtres, et s'étant plongés dans le luxe et les voluptés, trouvèrent le roi Anglois extrêmement libéral. Ils prenoient de l'argent de lui pour entretenir leurs folles dépenses, et lui vendoient lâchement leur fidélité[1]. »

Les désastres de Charles VI eurent pour cause le luxe scandaleux qui régnait à la cour et l'abaissement des caractères qui s'en était suivi [2].

[1]. Mézeray, *Abrégé chronologique de l'Histoire de France,* t. VI, p. 288.

[2]. « Sous Charles VI, on ne vouloit jouer qu'aux dez et aux jeux de hasard; on négligeoit tous les exercices du corps. Rien ne pouvoit réveiller dans les jeunes Seigneurs l'amour de la gloire; ils n'aimoient pas la fatigue et craignoient jusqu'au soleil. Le désordre alla si loin qu'on fut obligé d'y remédier par une ordonnance. »

Choisy, *Histoire de Charles VI,* p. 186 et 294.

« L'absurdité et l'impudeur n'avaient pas encore été poussées si loin; tout à la cour respirait un impur délire : les habitudes, le langage, le costume même, — le costume qui reflète si bien les mœurs, — avait perdu ce reste de noblesse et de simplicité antiques qui s'était conservé jusqu'au xiiie siècle, et avait pris ce

C'est toujours dans les temps de misère et de calamités publiques, — ceci est important à établir, — que l'on voit le mauvais luxe jeter son plus vif éclat ; comme certains insectes qui ne doivent leur brillante parure qu'à la corruption des aliments dont ils se nourrissent ! — « Jamais, dit encore Mézeray, le désordre de la pompe des habits et des autres dépenses superflues ne déborda si fort que *durant les calamités publiques.* Il semble, pour toute raison, que ce soit un fléau de Dieu, qui aille de pair avec les guerres civiles ou étrangères[1]. »

caractère d'extravagance qui dénote la corruption du goût et la disparition de tout sentiment d'harmonie et de vraie beauté. La corruption du goût n'est que trop communément l'indice de la corruption du cœur. »

Histoire de France d'Henri Martin, t. V, p. 472, édit. de 1863.

Une seule voix osa s'élever contre la corruption des grands ; ce fut celle d'un moine Augustin qui ne craignit pas de reprocher à la reine de faire régner à sa cour — « dame Vénus accompagnée de ses suivantes inséparables, la Gourmandise et la Crapule, qui corrompent les mœurs et énervent les courages des gens de guerre. »

1. Mézeray, *Abrégé de l'histoire de France.*

Heureusement, au temps de Philippe de Valois et de Charles VI, ce n'était pas le corps entier de la nation qui était corrompu, mais seulement une classe de la société. Chez le peuple vivait la flamme sacrée du Patriotisme. La dignité nationale longtemps outragée allait enfanter une héroïne, une fille du peuple, une femme, qui devait, par trois années de prodiges, faire oublier à la France un siècle de honte.

L'amour saint de la Patrie, qui emporte avec lui le désintéressement et le sacrifice dans ce qu'ils ont de plus rigoureux et de plus absolu, ne peut subsister chez une nation corrompue par l'abus de la richesse.

Ce qu'il faut à l'homme amolli par le luxe, c'est que rien ne vienne troubler ses jouissances. Peu lui importe que la Patrie soit en danger, que l'ennemi menace nos frontières, que l'honneur national exige des sacrifices! Il est devenu aussi étranger à sa patrie qu'à ses semblables. Au besoin on le verra trouver dans une invasion, une famine, une épidémie, une bataille perdue, une occasion de lucre, et intérieurement son âme vile se réjouira de nos malheurs[1].

Il faut lire, pour voir jusqu'où peut aller l'affaissement du patriotisme, Tite-Live, Tacite, Suétone, Pline, Sénèque, Pétrone, Martial, Juvénal, Térence! A Rome le luxe avait fini par tuer l'honneur; et le jour où ces écrivains ont pu attester que le mal résisterait à tous les remèdes, il était, dès ce temps, facile de prévoir la chute prochaine du colosse romain.

---

[1]. Cette pensée se trouve heureusement rendue dans ces quatre vers de Ponsard :

> . . . . J'apprends avec plaisir
> Que votre âme, au-dessus des préjugés vulgaires,
> Sait immoler la gloire aux solides affaires,
> Et que vous pourriez voir, sans jeter les hauts cris,
> Si la rente montait, — l'étranger à Paris.
>
> *La Bourse*, acte III, scène v.

V.

Démoralisation de la femme. — Son rôle social. — Coup d'œil historique. — De Velléda à la du Barry. — La femme a perdu de son empire. — Le luxe commence par s'attaquer à elle. — L'éducation domestique. — Ce que sont nos enfants. — Exemples et leçons que nous leur donnons. — Leurs jeux et leurs jouets. — Leurs conversations et leurs préoccupations. — Développement de la vanité. — Les bals d'enfants. — L'œuf de de Pâques du duc de Grammont-Caderousse.—Nos fils et nos filles. — La fille à marier. — La femme à la mode. — Dépravation de l'amour.

Les excès du luxe ont toujours eu pour première cause la démoralisation de la femme.

A la tête des grands mouvements qui ont élevé ou abaissé l'âme humaine, on trouve la femme. Dans la marche tour à tour lente ou rapide de la civilisation, on pourrait dire que c'est elle qui porte le drapeau.

Au temps de barbarie elle enflamme l'ardeur sanguinaire des guerriers et les mène au combat. Les femmes des Cimbres combattaient du haut de leurs chariots, et, — se servant de leurs enfants comme de frondes, — les lançaient sanglants à la tête des soldats de Marius.

Au fond des forêts de la Gaule, les druidesses debout sur leurs dolmens, dont elles rappelaient la rudesse sauvage, présidaient, — pythonisses implacables, — aux sacrifices humains.

Lorsque les mœurs se policent et que l'empire du droit commence à succéder au règne brutal de la force, ce sont encore deux femmes, sainte Geneviève, et Clotilde, qui ouvrent l'ère nouvelle. Blanche de Castille et Isabelle la Catholique inaugurent le mouvement civilisateur de la Renaissance. Avec Agnès Sorel et Clémence Isaure les mœurs se raffinent, elles se corrompent avec Isabeau de Bavière ; mais nous venons de voir le patriotisme mourant se relever avec Jeanne Hachette et Jeanne d'Arc.

Bientôt, la femme de civilisatrice redevient corruptrice, et entraîne encore la société à sa suite. Le trône de France est foulé par les pieds impurs des courtisanes; Louis XV introduit la du Barry dans l'alcôve de Louis XIV. A ce moment, la mesure étant comble, la société, qui n'avait pas craint de donner l'exemple de tels scandales, s'écroule dans le sang.

Aux heures sombres où la guerre civile éclate au sein des cités en révolte, on voit les femmes se ranger aux côtés des hommes et combattre avec eux.

Un jour, des hordes de furies, que conduit Théroigne de Méricourt, — indignes cette fois du nom de femmes, — viennent insulter les victimes, déchiqueter leurs membres à coups de ciseaux, et danser autour des échafauds ruisselants d'un sang pur. Mais tandis que ces mégères font reculer la civilisation aux temps barbares, que les plus fiers se courbent sous le joug, un cœur de femme se soulève, et le couteau de Charlotte Corday débarrasse la France du plus sanguinaire de ses tyrans.

Derrière tout homme il n'est jamais difficile de découvrir une main de femme. Les dernières années de Louis XIV se résument dans l'histoire des idées, des préjugés et des passions d'une femme, — la marquise de Maintenon. Le sourire d'une autre femme, la marquise de Pompadour, faisait ou défaisait les ministres. Aussi jamais question ne se trouvât-elle plus sensée que celle de ce magistrat, qui, recherchant les motifs du crime, ne manquait pas de dire à l'accusé : — « Où est la femme? »

Je suis surpris d'entendre les femmes se plaindre de leur lot, et reprocher à la société de leur faire la part inégale.

Bien que leur action doive être plutôt domestique que sociale, en aucun temps la société n'a rejeté leur concours.

Leur véritable empire, — celui qui leur appartient sans partage, et dont la direction a de quoi satisfaire les plus difficiles, — c'est la famille. Fées bienfaisantes de la maison, il leur appartient d'en assurer la prospérité, d'y faire régner le bien-être et la joie.

A elles a été remis le pouvoir d'élever ou d'abaisser notre état moral et intellectuel. Par l'éducation domestique elles peuvent faire l'homme grand ou petit, courageux ou lâche, généreux ou égoïste, indépendant ou servile.

Que veulent-elles de plus?

Si les femmes ont perdu de leur empire, si nous leur témoignons moins d'égards, si leur voix est moins écoutée, elles ne peuvent s'en prendre qu'à elles-mêmes. Leur déchéance a pour première cause leurs travers.

Toutefois leur action est assez puissante encore pour que ce soit elles que *notre ennemi le luxe* ait songé à corrompre les premières.

Il a besoin de leur complicité. Il n'ignore pas qu'une fois Ève séduite, Adam ne résistera plus longtemps!

Aussi le voit-on les circonvenir à la fois comme femmes, comme épouses et comme mères.

Chez la mère il s'efforce de paralyser l'action

bienfaisante qu'elle exerce par l'éducation sur la famille et la société.

Pour parvenir plus sûrement à son but, il commence par enlever le respect[1] de l'éducation et mettre à sa place la vanité.

Les parents en donnent les premiers l'exemple. Nos enfants sont entre nos mains des poupées que nous habillons ! leurs mères leur achètent sans cesse des toilettes nouvelles, les couvrent de soie, de velours, de rubans ; les petits vêtements qu'elles leur composent sont si compliqués qu'on les nomme des *costumes*.

Au lieu de laisser leur enfant se mouvoir librement en plein air, elles l'enferment dans un salon en toilette d'apparat, et le font babiller devant leurs amies comme un jeune perroquet dont on s'amuse un instant. L'enfant est un passe-temps, une distraction à leur vie oisive ; elles n'y voient pas une petite âme à élever. Leurs nerfs délicats redoutent le bruit, aussi ne lui permettent-elles que les jeux tranquilles, dans un

---

1. Voyez page 49.

âge où il faut des mouvements brusques, des sauts, des bonds, de grands gestes de bras et de jambes pour fortifier les membres et les faire grandir; des cris, des pleurs pour former et assurer la voix !

Considérez les jeunes animaux et dites-moi si vos enfants qui, au point de vue physique, ont les mêmes besoins, trouvent le même emploi de leurs premières forces!

Aujourd'hui la plupart des mères de la classe riche abandonnent leurs enfants à des soins étrangers. Lorsqu'elles les promènent, c'est uniquement afin de les faire voir et recueillir sur leur fraîcheur, leur beauté, surtout leur parure, — qui est plus particulièrement leur ouvrage, — des compliments dont elles se montrent fières comme un maquignon de son cheval, un amant de sa maîtresse, un artiste de sa statue ou de son tableau. Elles choisissent les lieux les plus fréquentés, ceux où, à certaines heures, s'entasse la foule. Si leur enfant est regardé curieusement, si elles voient les autres mères envier ce précieux trésor, leur visage rayonne.

Ce n'est point là le légitime et pur orgueil maternel ; ce n'est tout au plus qu'une explosion de la vanité ! La preuve en est que si cette mère rencontre un enfant plus avenant, plus joli, mieux vêtu surtout que le sien, elle rentre au logis maussade et mécontente.

Dans ces courtes promenades à la poussière, loin des lieux où règne un air pur, le pauvre petit marche gravement à côté de sa mère, la tenant par la main. Sa santé en souffre, mais les secrets instincts de son orgueil en profitent ; il fait la roue comme un jeune paon à peine sorti de sa première mue. Il entend murmurer à son oreille : — « Quel joli enfant ! avec quel goût sa mère sait le mettre ! » et aussitôt il prend de lui une haute opinion. Si ces compliments, que l'imprudente mère provoque, s'adressent à une petite fille, l'effet est plus pernicieux. Dès qu'elle se trouve seule, elle monte sur une chaise, se tourne et retourne devant la glace, étudiant ses mouvements et ses gestes, essayant ses sourires, posant coquettement son chapeau sur sa tête, dressant les plis de sa robe, chiffonnant de sa petite main mignonne ses rubans, ses dentelles ; se mettant au besoin du blanc et du rouge, ainsi qu'elle voit faire à sa mère. Quand ses parents la surprennent ; au lieu de corriger cet enfant vaniteux, ils l'embrassent et s'écrient en souriant : — « Voyez donc la petite coquette ! »

Il n'y a pas jusqu'aux jouets, dont nous n'ayons trouvé moyen de faire pour nos enfants une occasion de vanité !

L'enfant s'amuse de tout ; les jouets les plus rustiques sont les meilleurs. Il faut qu'il puisse les manier, les salir, les briser à son aise, afin qu'il devienne ingénieux et adroit.

Grâce aux inspirations du luxe, les jouets modernes sont des objets précieux pour lesquels la peinture, la sculpture, la mécanique, ont épuisé leur art. On voit dans les magasins des grandes villes des poupées avec une tête en porcelaine, des yeux d'émail, des dents d'ivoire, qui remuent la tête, lèvent et abaissent les paupières, ouvrent la bouche, prononcent distinctement *papa* et *maman*..... et coûtent mille francs [1] ! L'heureux possesseur de ce joujou précieux ne s'en amuse pas davantage : tout au contraire, car, chaque fois qu'on le lui confie, sa mère ou sa gouvernante le surveille de crainte qu'il ne le brise. Il ne sert qu'à exciter la jalousie de ses petits camarades, et exalter outre mesure sa vanité.

Quelle folie et qu'elle imprudence !

Que de pain pour les pauvres dans un seul de ces jouets !

Au lieu de coucher nos enfants de bonne heure,

---

1. Il y a encore d'autres jouets fort coûteux, également inventés par la vanité. mais cette fois à l'usage des grandes personnes : les œufs de Pâques, par exemple. Quoi de plus respectable que cet ancien usage, et de moins dispendieux que le don d'un œuf de poule peint en rouge? Cependant le luxe a su métamorphoser les œufs de Pâques en objets d'une fantaisie coûteuse ; ils sont devenus une boîte en sucre, nacre, ivoire ou porcelaine, presque toujours artistement peinte, qui renferme des bijoux, des dentelles, même des meubles.

Le duc de Grammont-Caderousse, — cette triste victime du luxe, — mort avant trente ans, laissant pour seul mobilier, après avoir dévoré des millions, quelques costumes de pierrot et des couverts en Ruolz, avait trouvé piquant d'envoyer à une célébrité du demi-monde un œuf de Pâques monstrueux traîné par deux chevaux anglais... l'œuf renfermait une calèche.

nous les emmenons le soir chez nos amis, même à des bals donnés spécialement pour eux. Je me souviens avoir lu, avec une émotion que je ne pourrais rendre, le récit d'un bal d'enfants donné ce dernier hiver. On y parlait d'une petite fille de cinq ans costumée en Amour, — comme Cora Pearl aux Bouffes-Parisiens! — d'une autre de dix ans habillée en vivandière. Il y en avait du même âge en Salammbô, en Psyché, en Almée, en Permission de dix heures! Les costumes des petits garçons étaient à l'avenant; on avait tenu note de leurs lazzis, de leurs bons mots, de leurs reparties.

Je ne connais rien d'aussi triste que ces fêtes où l'on voit des enfants singer les vices des hommes : c'est comme si l'azur se tachait de boue, ou si on cachait le frais visage d'un Chérubin sous le masque grimaçant d'un Satyre.

Avec de pareilles récréations, mères imprudentes, vos fils deviendront vains, vos filles coquettes!

Autrefois, alors que ni l'art ni l'orgueil n'avaient encore inventé ces jouets et ces divertissements coûteux, on voyait les marmots de cinq à dix ans s'exalter au son guerrier des tambours, à l'aspect des bataillons en marche. Alors, rejetant en arrière leurs longues boucles blondes, ils s'écriaient : — « Nous aussi, mère, nous serons soldats! » C'était la fibre patriotique qui déjà vibrait en eux! Aujourd'hui, nous les rencontrons dans les jardins publics se livrant à l'écart à je ne sais quelles spéculations enfantines sur les timbres-poste étrangers ou d'autres valeurs de convention[1]. Ils ont leur caisse, parient sur les courses, jouent au banquier. Ils ne jouent plus que rarement au soldat!

Au collége, ils abandonnent précipitamment leurs jeux pour venir considérer avec admiration

---

[1]. Ce n'aura pas été sans quelque surprise que l'on aura pu lire tout récemment dans un de nos grands journaux politiques un entre-filet ainsi conçu : « La police se préoccupe depuis quelque temps de l'existence d'une petite bourse clandestine connue sous le nom de la *Banque des timbres-poste*, tenue par des enfants dans l'allée de la Petite-Provence, aux Tuileries. Il paraîtrait que les *jeunes* spéculateurs se réunissent maintenant dans l'allée des Veuves, aux Champs-Élysées. »

les parents qui arrivent au parloir les mains pleines, suivis par deux laquais galonnés; ils se répètent que ces parents sont riches, et envient le sort de leur petit camarade mieux partagé qu'eux.

Les poëtes ont comparé les naïfs dialogues des enfants au charmant gazouillement des oiseaux. Hélas! que ces dialogues enfantins ont perdu de leur naïveté! Voici la conversation très-authentique tenue entre un marmot de sept ans et une petite fille de cinq, occupés à jouer au *ménage*.

« Monsieur veut-il faire un tour au bois?

— Très-volontiers, ma petite femme.

— Ta petite femme!... Je ne veux pas!

— Qu'est-ce que tu veux donc être?

— Je ne veux pas être ta petite femme, c'est par trop bête; je serai ta *cocotte*, veux-tu? Ce sera plus *chic* et plus amusant! »

Vous riez! Il faudrait gémir! Vous allez m'accuser d'exagération. Je n'invente rien. Du reste, de quoi vous étonner?

L'enfant n'est-il pas imitateur par nature; et nos défauts ne le frapperont-ils pas toujours plus que nos qualités? S'il se plaît en effet à reproduire ce qu'il voit faire, à répéter ce qu'il entend dire, telle est bien l'empreinte que laisse sur cette cire molle le spectacle de nos mœurs contemporaines!

Ce type nouveau de l'enfance façonnée aux manières des hommes a même paru assez arrêté pour être mis au théâtre. La crudité de cette exhibition a provoqué quelques plaintes, une protestation à la tribune politique; mais le public a applaudi sans réserve à la hardiesse de l'écrivain; et son succès a pu le convaincre que le portrait était ressemblant.

Nos enfants grandissent, et nous ne cessons pas de leur donner le mauvais exemple du luxe.

Nos fils, au lieu de recevoir de leurs pères le salutaire enseignement et le plus salutaire exemple de l'honneur et du devoir, ne les entendent parler que de coups de bourse, de paris, de leurs plaisirs, de leurs gains au jeu, souvent de choses pires. Ils les voient peu du reste, car leurs pères passent communément leurs journées au cercle et leurs nuits on ne sait où; leurs conversations durant ces courtes entrevues suffisent pour leur enseigner que la science moderne de la vie consiste à s'enrichir, et que la considération est à ce prix.

Les filles, de leur côté, apprennent de leur mère que la coquetterie et la toilette sont la principale occupation de la femme, que plaire aux hommes doit être son unique but. A vingt ans elles savent bien des choses!

On les voit paraître au bal demi-nues, froissant dans leurs mains un bouquet de 200 francs [1]; ou étaler au spectacle, au concert, sur nos promenades, des toilettes qu'une mode capricieuse et changeante tend de plus en plus à rendre excentriques.

L'excentricité pour la femme est voisine de la dépravation.

Quelle prise n'offre-t-elle pas au mal lorsqu'elle veut être remarquée à tout prix!

1. On trouve dans la maison Havard et Cie, fleuristes, rue Auber, des *bouquets en fleurs rares, orchidées ou autres*, cotés au prix de 100 à 200 francs.

En attendant l'âge où, pour combattre les premiers ravages du temps, elle aura recours aux procédés ingénieux mais dangereux de la chimie moderne, elle emploie toutes les ressources à sa portée pour donner plus de relief à sa beauté, ajouter à l'éclat de son regard, à l'abondance de sa chevelure, augmenter la fraîcheur de son teint, le vif incarnat de ses lèvres, la blancheur mate de sa peau.

Cette jeune fille, ainsi peinte et travestie, que l'on rencontre, suivie de loin par sa mère, l'hiver dans les grandes villes, l'été au bord de la mer ou dans les stations d'eaux, rêve mariage, elle aussi; mais son idéal se ressent des vices de son éducation. Celui que son cœur appelle n'est plus le beau et vaillant cavalier de la légende, svelte, élégant, bien fait, capable de tous les sacrifices du pur amour. Elle songe au bonheur qu'il y a pour une jeune fille à devenir la femme d'un homme mûr, blasé, plus ou moins usé, mais possesseur d'une grande fortune et porteur d'un beau nom.

Par malheur pour la morale on peut citer quelques unions, conclues sous ces tristes auspices, sans être des unions malheureuses, — ce qui tient sans doute à ce que le cœur se montre moins exigeant que l'intérêt.

Si cet idéal de mari vient à se faire attendre trop longtemps, ou si, une fois découvert, il pousse le bon goût jusqu'à laisser sa femme bientôt veuve, celle-ci passe à l'état de *femme à la mode*; c'est-à-dire qu'elle va désormais répandre autour d'elle le mauvais exemple qu'elle a reçu.

De telles femmes ne sont bonnes qu'à faire le mal. En elles on ne trouverait plus le dévouement d'une épouse, ni l'amour d'une mère. Tous les chastes instincts de la femme, ses passions nobles, ses inclinations tendres, ses élans généreux se sont évaporés dans la brûlante atmosphère des salles de bal.

Elles sont les sultanes favorites d'un monde corrompu.

Gardez-vous de chercher près d'elles la réalisation de vos rêves ; fuyez, pauvres jeunes gens, fuyez ces dangereuses sirènes !

Aimez, votre cœur a besoin d'amour, la Patrie

demande des familles et des enfants; mais portez votre choix ailleurs. Il ne manque pas de douces et pieuses jeunes filles élevées à l'ombre protectrice du foyer domestique; leur cœur pourra répondre à tous les besoins du vôtre; elles seront vos amies dévouées et vos dignes compagnes, mais elles ne se montrent pas plus que la violette des bois : c'est à vous de savoir les découvrir !

VI.

Les mariages chrétiens et les mariages d'argent. — L'amour dans le mariage. — Comment on prépare les femmes à devenir mères. — L'intérêt substitué à l'amour. — La dissipation. — De quelle manière les parents se préoccupent de l'avenir de leurs enfants. — Augmentation des adultères et des séparations de corps. — Abâtardissement de la race. — Diminution des naissances. — Comparaison avec les États voisins. — Causes morales : une prévoyance coupable. — Causes physiques : l'affaiblissement des tempéraments. — Luxe entraîne disette d'hommes. — Un tableau du Louvre.

Le mariage chrétien est une union d'âmes; il repose sur la complète entente de deux êtres qui ont volontairement confondu leur existence. C'est une alliance offensive et défensive contre les coups du sort. Rien n'est difficile à qui possède l'amour. Les différences de caractère s'aplanissent, — chacun se faisant une joie de sacrifier à l'autre quelque chose de ses goûts, de ses préférences, et ces époux bien assortis ne forment plus qu'une seule volonté. Ils sont heureux l'un par l'autre, parce que la joie se double à être partagée; les pleurs qu'une main tendre essuie sont moins amers.

Le mariage est un frein pour l'impétueuse jeunesse; c'est l'assurance d'une vie calme à la place de l'agitation déréglée des passions. Pour la société c'est le germe fécond de l'avenir; pour l'homme sage qui épouse la femme qu'il aime et non une dot, c'est une longue félicité !

Le jour où les enfants arrivent dans cet intérieur béni, ils trouvent les cœurs ouverts pour les recevoir; l'éducation domestique est parfaite parce qu'elle se compose d'amour et d'exemples.

L'amour est la première loi de la vie.

La vie se transmet dans une fête; et le printemps, le charmant printemps, est le générateur universel. Les chants des oiseaux, les parfums de la brise, l'éclatante parure des fleurs, annoncent le grand mystère.

Si, dans la nature, la vie éclôt d'un rayon, chez l'homme elle naît de l'amour, à la fois chant, fleur, rayon et parfum.

Pour qu'il naisse un homme, il est nécessaire que deux âmes se confondent dans un commun désir.

L'enfant sera alors le résumé de deux êtres dans ce que chacun a de meilleur; la nature se montrant habile à choisir, parmi les éléments qu'elle emploie, ceux dont elle peut tirer les plus beaux produits. Pour peu que les influences bienfaisantes de la santé et de la race viennent se joindre à la féconde harmonie de l'amour, le nouvel être réunira toutes les conditions d'une création parfaite.

Un tel mariage sera vraiment dans les vues de la nature, agréable à Dieu, et profitable à la société à laquelle il donne, dans le présent, des citoyens honnêtes et heureux, et prépare pour l'avenir des générations vigoureuses.

Dans un mariage sans amour, — mariages si

fréquents, — combien les conditions sont différentes !

Le jeune homme, formé à l'école paternelle, se préoccupe beaucoup plus du soin de rechercher une dot[1] que de faire naître une sympathie. Il ne s'informe ni de la famille, ni de l'éducation, de la santé, du caractère, des instincts, des inclinations de celle dont il va pourtant faire la compagne de toute sa vie. Il traite une affaire, passe un marché, mais ne conclut point un mariage.

Le jour des mécomptes arrive ; et ces nouveaux époux ne tardent pas à reconnaître qu'ils se sont mutuellement trompés. Leurs deux caractères ne

---

1. Oh ! la dot... chez nous on n'en fait pas litière ;
Nous ne ressemblons pas aux fous du temps jadis,
Qu'emportait le plaisir, en jeunes étourdis.
Non, non. Dans nos excès, notre humeur positive
Caresse d'une dot l'utile perspective.
La Bourse, acte II, scène I.

On ne saurait flétrir avec trop de rigueur
Le règne du calcul dans les choses du cœur.
L'Honneur et l'Argent, acte I, scène I.

peuvent se fondre l'un dans l'autre. Unis aux yeux du monde, ils demeureront à jamais séparés. Ce sont deux étrangers portant le même nom, habitant la même demeure, ayant, devant la loi, les mêmes intérêts et les mêmes devoirs, mais qui en réalité ne mettent en commun ni leurs plaisirs ni leurs peines.

Représentez-vous deux galériens rivés à la même chaîne, dont l'un voudrait toujours se reposer et l'autre toujours marcher.

La vie conjugale, au lieu d'être un mutuel échange de prévenances et de soins, se passe en froissements et en reproches. L'indifférence, quelquefois une sourde haine, règnent au foyer domestique. La maison est triste, froide et déserte; le rire des enfants est impuissant à l'égayer! Douces intimités, espérances partagées, attentions délicates délicieusement et longuement savourées, confidences mutuelles, soins assidus, ce sont là, pour ces victimes de la vanité et du luxe, autant de joies inconnues! Ils redoutent le tête-à-tête comme une occasion de froissements nouveaux; les heures qu'ils sont contraints de passer ensemble sont longues et maussades. Les repas, temps de repos et de fête pour les ménages heureux, heures charmantes qui réunissent soir et matin la famille, et où chacun, depuis l'aïeule jusqu'aux petits-enfants, apporte le tribut de sa santé, de sa bonne humeur et de sa gaieté, se passent silencieux; — à moins que le bruit des querelles ne vienne les troubler.

D'un semblable intérieur les amis sont exclus; ni le mari ni la femme ne se soucient de rendre des étrangers témoins de leurs disputes journalières. S'ils y pénètrent, ce sera pour en augmenter la désunion; la plupart du temps, pour en profiter.

Chez ces époux, malheureux par leur faute, toutes les joies de la famille deviennent des ennuis; sur leurs lèvres, l'ambroisie se change en vinaigre. Cette vie commune sans confiance, où les coups portés sont d'autant plus sûrs, les blessures d'autant plus cuisantes, qu'il est impossible de se cacher l'un à l'autre sa partie faible, cette vie de luttes intestines ne tarde pas à devenir un horrible enfer. Pour se soustraire le plus possible à leur martyre, on voit le mari et la femme fuir à l'envi leur intérieur et chercher au dehors des distractions et des compensations. La femme recourt à la toilette, le mari au jeu et aux bruyants plaisirs ; chacun dissipe de son côté les ressources communes. Étrangers aux vertus d'économie et de sage prévoyance, ne soupçonnant pas l'intime satisfaction que procure la prospérité de l'intérieur domestique, ils se ruinent sans avoir su jouir de leur fortune.

Les entraînements du luxe pénètrent dans les intérieurs les plus simples et les mieux unis, en troublent l'harmonie, ruinent leur aisance et nuisent à l'avenir des enfants.

Un père de famille ayant un revenu de 20,000 francs et trois enfants dépense en totalité son revenu afin de se procurer une vie plus large, de telle sorte que le jour où il marie ses enfants il peut à peine donner à chacun 30 ou 40,000 francs. Moyennant quoi, ceux-ci, élevés au sein d'une grande aisance et des habitudes de luxe de leur père, se trouvent dans une médiocrité relative. Ils en souffrent et s'en prennent à l'imprévoyance paternelle; — ce qui vient encore refroidir les élans de leur tendresse déjà peu expansive.

Les pères qui se privent pour assurer à leurs enfants une vie plus large sont tellement rares qu'on les cite. Les bons parents d'aujourd'hui se contentent de ne pas manger leur capital : — « Nos enfants, disent-ils, feront comme nous! » Ils ne réfléchissent pas que les exigences de la vie ont doublé, que le prix des choses s'est accru. Quelquefois même, guidés par un sentiment d'étroite jalousie, ils conviennent qu'il leur serait pénible de voir leurs enfants se donner des fantaisies dont ils se sont privés; — comme si la prospérité des enfants ne devait pas tenir plus au cœur des parents que les intérêts de leurs propres jouissances! S'il s'agit d'une fille, la mère, qui n'entend pas se restreindre sur sa toilette, se dit à part elle: — « Ma fille aura à peu près ce que j'ai eu; avec cela elle trouvera à se marier! » Si c'est un garçon, on se contente de cette phrase banale : — « Il se tirera d'affaire ! »

Aussi ne saurions-nous assez aimer, honorer, respecter, entourer de notre reconnaissance et de nos soins nos parents qui, nous ayant donné, avec une fortune médiocre, une éducation soignée, peuvent néanmoins nous dire, le jour où ils rendent leurs comptes : — « Mes enfants, voici ce que nous avons reçu, et voilà ce dont nous nous sommes privés pour vous ! »

Mais le luxe met bon ordre à de semblables sacrifices. Les parents, au lieu de se tenir, par une sage économie, au-dessous de leur revenu, le dépassent; et il arrive qu'au milieu des mille tiraillements de la vanité et de l'orgueil le père de famille, poussé par le chimérique espoir de rétablir d'un seul coup sa fortune compromise, l'aventure dans quelque spéculation hasardeuse.

Il la perd le plus souvent, parce que les risques sont en proportion des bénéfices. A la place de cette richesse qu'il a voulu ou regagner ou conquérir, plus dans son propre intérêt que par amour pour ses enfants, il voit la gêne, les dettes humiliantes, la misère, entrer dans sa maison. Or, la misère, — surtout celle qui par pudeur est tenue de se cacher, — est de mauvais conseil ; et il sera très-rare que soit la probité du mari, soit l'honneur de la femme, sortent saufs d'une semblable catastrophe.

Ces scandales intérieurs éclatent au grand jour des tribunaux. La statistique judiciaire, dont j'ai déjà invoqué le témoignage et à laquelle je ne me ferai pas faute de recourir encore, parce qu'elle peut, dans certains cas, donner l'exacte mesure des mœurs, apprend que, dans un espace de douze années, — de 1854 à 1866, — les adultères judiciairement constatés sont montés de 501 à 685. En 1865 on en comptait 185 de plus qu'en 1854 !

Dans la même période, les séparations de corps se sont élevées du nombre de 1,682 à celui de 2,570 : — différence en plus 890.

Ces chiffres ont bien leur éloquence !

Si telles sont les suites morales de ces tristes

unions formées par le luxe, leurs conséquences sociales sont non moins funestes. Elles amènent d'abord l'abâtardissement progressif de la race, ensuite une diminution du chiffre des naissances.

Un mariage dans lequel les intérêts de fortune auront seuls été pris en considération, où on n'aura pas plus tenu compte de ses rapports moraux que de ses harmonies physiques, où les conditions les plus vulgaires d'âge, de santé, de sympathie, de convenance, auront été volontairement méconnues, ne pourra produire que des enfants maladifs, lesquels, se mariant dans de semblables conditions, procréeront à leur tour des enfants malingres et rachitiques.

Le type primitif disparaît, la race pure dégénère ; et, à la place d'un peuple mâle, à la tournure martiale, au regard fier, au bras fort, au sang généreux, la corruption des mariages substitue à la longue la race efféminée et méprisable des Grecs du Bas-Empire.

Nous sommes loin, — grâce au ciel ! — d'un semblable état de choses ; mais il ne faut pas oublier pourtant que déjà, en France, les corps d'élite se recrutent avec peine[1], qu'on a dû abaisser la taille exigée pour le service, et que tout récemment, lors de la discussion de la loi militaire au Corps législatif, on a songé à réduire de nouveau de 1 mètre 54 à 1 mètre 52 la taille réglementaire.

Tandis que la population des États voisins du nôtre reçoit chaque année un accroissement considérable, la population de la France décroît sensiblement.

Les chiffres parleront ici encore avec plus de force que tous les raisonnements.

En 1816, alors que la France, à peine remise des guerres sanglantes de l'Empire, ne comprenait que 30,596,031 habitants, on comptait, par an, près d'un million de naissances ; soit, en

---

[1] « L'espèce humaine, dans notre pays, s'est appauvrie, et les conseils de révision chargés du recrutement militaire éprouvent quelquefois de l'embarras pour remplir les contingents demandés aux cantons. »

Batbie, *Cours d'économie politique*, t. I, 1868.

chiffres exacts, 987,917. En 1865, notre population était de 37,392,707 individus. Malgré cette augmentation de sept millions d'habitants, les naissances se trouvaient réduites à 899,559; c'est-à-dire inférieures de 453 à l'année 1816. L'annexion de Nice et de la Savoie ont porté le nombre des Français à quarante millions d'individus. Cet accroissement considérable n'a élevé le chiffre des naissances que dans une proportion à peine sensible, — 1,006,753.

C'est donc, pour une période d'un demi-siècle, une perte d'un quart; soit 250,000 naissances en moins par année.

Cette effrayante diminution porte presque exclusivement sur les naissances légitimes; ce qui démontre que le mal remonte bien à la cause par nous signalée : la corruption des mariages par le luxe.

En opérant d'après un autre calcul, on arrive à des résultats identiques, et on trouve que, si pendant les quinze années comprises entre 1818 et 1832, il y a eu en moyenne 2,087 naissances légitimes par an, il n'y en a plus eu que 2,065 dans la période suivante (1833 à 1846), et 2,064 dans les quinze années comprises entre 1846 et 1860. Dans le même espace de temps on compte, pour la première période, 373 naissances pour cent mariages, 328 dans la seconde, 310 seulement dans la troisième.

Cette décroissance est loin de s'arrêter. De 1862 à 1864, on n'a plus relevé que 307 naissances pour cent mariages. Le chiffre total des naissances qui atteignait encore 1,006,752, en 1865, est descendu, en 1866, à 994,288.

Après avoir relevé sur la statistique la décroissance de notre population, si nous la comparons avec les États voisins, et si nous prenons pour exemple l'Angleterre, nous trouvons que, la proportion des naissances étant en France de 2,612 par 100,000 habitants, elle est de 3,554 pour la Grande-Bretagne. Les naissances légitimes s'y comptent dans la mesure de 4, 2, par mariage, au lieu de 3, 1, comme chez nous. Les mariages y sont d'un huitième plus nombreux, les naissances d'un tiers environ. On pourrait continuer ce rapprochement avec la Prusse, la Russie, l'Allemagne, il serait toujours à notre désavantage.

Ce funeste état de choses ne se rattache pas à une cause économique. La misère n'a pas empiré chez nous; loin de là, nous souffrons d'un excès de bien-être. Le niveau de la vie moyenne s'est élevé, les conditions matérielles d'alimentation et de procréation sont plus favorables qu'il y a quelques années.

Ce déficit qui, en se continuant, menacerait l'existence même du corps social, a une origine à la fois physique et morale.

Physique, en ce que l'éducation des femmes les rend moins aptes qu'autrefois à devenir mères.

Jeunes filles, nous les avons vues respirer, durant de longues nuits, l'air vicié des salles de bal, et se livrer sans repos à la danse épuisante. Le plaisir les soutient, on s'étonne de les trouver infatigables; mais lorsqu'elles se marient, après deux ou trois ans de cette vie contre nature, elles sont pâles, amaigries, délicates, presque transparentes; et, le soir du mariage, l'aïeule souffle bas à l'oreille du mari que sa petite-fille a besoin de ménagements !

Quelle préparation à cette noble mais rude épreuve de la maternité ! Comment ce corps grêle, à peine assez fort pour se mouvoir, pourra-t-il suffire à sa tâche ? comment cette vie fragile pourra-t-elle transmettre le souffle à une autre vie, tirer d'elle une seconde existence ?

Aussi la maternité, — qui n'est cependant pas plus une exception pour la femme que le fruit lorsqu'il succède à la fleur, — est-elle devenue une redoutable crise. Le nombre des jeunes femmes de la classe aisée mortes en couches ou de suites de couches est chaque jour plus considérable. La mortalité des enfants dans le premier âge est effrayante. Les compagnies d'assurances se refusent aujourd'hui à faire des opérations dont l'aléa repose sur la vie des enfants.

La cause morale de la diminution des naissances est plus fâcheuse encore.

Autrefois, un mariage produisait en moyenne

de cinq à huit enfants. Ces enfants, bien portants et fortement constitués, se mariaient jeunes et avaient à leur tour une nombreuse postérité ; de sorte qu'il suffisait de trois générations pour former une quinzaine de familles, lesquelles donnaient à l'État environ cinquante citoyens actifs et vigoureux.

Nous en sommes venus, par un excès de coupable prévoyance, par raffinement et égoïsme, à fuir les charges d'une famille nombreuse. On nous voit convoiter tous les luxes, excepté le luxe des enfants. Si on cite devant nous l'exemple d'une mère qui a eu la joie d'en élever heureusement cinq ou six, nous nous écrions machinalement : — Oh, la pauvre femme !

Au milieu des mille nécessités enfantées par le luxe, sous l'empire de l'argent, avec le renchérissement excessif de la vie, les pères de famille supputent les privations qu'ils auraient à s'imposer, les sacrifices qu'il faudrait faire ; ils se disent que la division de leur fortune condamnerait leurs descendants à une position inférieure, qu'ils décherraient de leur rang social, et ils s'en tiennent généralement à un seul enfant. Ils en tolèrent quelquefois deux, rarement trois; — ce que l'usage a nommé : *choix de roi*, voulant sans doute faire entendre qu'il faut s'en tenir à ce nombre.

L'épouse, de son côté, redoute les crises d'une maternité répétée; elle craint de voir ses charmes se flétrir, de perdre cette beauté dont elle est fière.

Quelle erreur est la sienne!

Si elle jette les yeux autour d'elle, elle verra les femmes sans enfants, ou s'étant contentées d'un seul, ridées et flétries avant l'âge, — comme une plante stérile ou n'ayant pu produire tous ses fruits; tandis que les mères auxquelles il a été donné de mettre au monde plusieurs enfants et de les nourrir de leur lait conservent tard les avantages de la jeunesse. Déjà l'âge mûr a sonné qu'elles sont encore fraîches et charmantes, à ce point qu'on en a vu soutenir la comparaison avec leur fille aînée.

La théorie du fils unique envahit toutes les classes. Elle est descendue de la classe riche dans la classe agricole; elle sera pratiquée par la classe ouvrière le jour où une aisance plus grande et un avenir assuré auront rendu son égoïsme prévoyant.

Si un époux, vivant dans un certain monde, venait à déclarer qu'il n'est pas l'ennemi des familles nombreuses, et qu'il verrait, sans que son front se rembrunisse, croître le nombre de ses enfants, il est à peu près certain qu'il trouverait une femme en révolte, et une famille hostile.

Je m'attends à ce qu'un jour les femmes demanderont leur séparation judiciaire en invoquant pour seul grief contre le mari son amour excessif de la paternité.

On pourrait citer des époux mariés jeunes, après s'être déclaré l'un à l'autre qu'ils considèrent les enfants comme une responsabilité, un ennui, une dépense, et préfèrent n'en point avoir.

Chaque fois qu'il m'arrive de songer à cet appauvrissement volontaire du sang français, à cette lamentable décadence de la famille, je m'en vais contempler au Louvre un précieux tableau représentant un père et une mère entourés de leurs dix enfants. Ils sont assis, se tenant par la main, au milieu de ces jeunes pousses vivaces. Le père sourit, la mère est jeune encore; l'arbre ne paraît pas se ressentir des fruits nombreux qu'il a portés. On sent, dans cet intérieur tranquille, un hôte invisible qui est Dieu, — le Dieu protecteur des familles nombreuses.

Comparez nos familles modernes produisant un fils unique, qui épouse une fille unique et donne à son tour naissance à un seul enfant, à ces familles autrefois fécondes d'où Rome tirait les trois Horaces et les Gracques, d'où la France du moyen âge a vu sortir les quatre paladins Aymon.

La patrie serait-elle menacée de se voir quelque jour une mère sans enfants[1]!

---

1. Toujours, dans les temps de luxe, il y a disette d'hommes. L'armée que Charles VIII conduisit en Italie ne dépassait pas 20,000 combattants; et pourtant la France se trouva tellement épuisée, que, — suivant l'historien Guichardin, — elle fut, pendant plusieurs années, hors d'état de renouveler un semblable effort.

VII.

Le luxe empêche la famille de se former. — Il empêche pareillement qu'elle ne prospère. — Diminution croissante des mariages. — Le mariage tombé en discrédit. — Empire de la dot. — Délaissement des jeunes filles. — Le mariage du duc de Chartres. — Nous cherchons le plaisir, nous fuyons le devoir. — Accroissement des célibataires. — Influence du mariage sur la durée moyenne de la vie. — Système du docteur Starck.

Le luxe, après avoir compromis le bonheur et la fécondité des mariages, altéré la pureté primitive de la race, s'attaque d'une manière plus directe à la famille en l'empêchant de se constituer.

Les mariages diminuent dans des proportions

alarmantes. Il faut que cette proportion soit bien forte pour que, malgré l'accroissement sensible des unions légitimes dans la population ouvrière, le nombre total des mariages, qui était de 305,203 en 1861, soit descendu, en 1866, au chiffre de 301,390 !

Les jeunes gens de la classe aisée ne se marient plus.

Je n'en veux pour exemple que le nombre chaque jour croissant de ces courageuses et vertueuses jeunes filles, instruites, pieusement élevées, faites pour assurer la prospérité d'un ménage, le bonheur d'un époux, élever sagement leurs enfants; parce qu'elles ne possèdent pas une dot opulente[1], elles passent leur jeunesse dans un délais-

---

1. Au monde où nous vivons, il est vrai que l'usage
Ferme à la pauvreté l'espoir du mariage.
L'Honneur et l'Argent, acte IV, scène x.

Cette triste vérité a été également très-heureusement rendue par un auteur dramatique, qui paraît tenir d'Aristophane le secret du succès : «... Le mariage se meurt ! le mariage est mort !... Le progrès moderne en a fait un objet de luxe qui coûte trop cher... l'aisance d'autrefois est la gêne d'aujourd'hui... La conséquence

sement injuste et finissent par un froid célibat !

Si le jeune homme, accoutumé à ne plus voir dans le mariage qu'un moyen de se procurer la fortune, ne rencontre pas la dot à laquelle il prétend, — ce qui arrive dans la plupart des cas par l'exagération même du chiffre, — il renonce sans peine au mariage.

Il existe une classe de jeunes gens qui le considèrent comme une institution surannée dont il est de bon goût de médire et sage de se passer. Le mariage, en tant que devoir, sied mal à leur vie qui voudrait n'être que plaisir. On les entend se récrier contre la pesanteur du lien conjugal; ils tiennent pour des désignations ridicules les titres respectables d'époux et de père. Ils ne connaissent plus les purs entraînements de l'amour; car, aux premières heures de leur ado-

---

est qu'un garçon qui se mariait ordinairement vers la trentaine, remet la cérémonie au jour où sa fortune mieux assise lui permettra le *luxe effréné* d'entretenir sa femme. La quarantaine arrive plus vite que l'opulence ! »

Victorien Sardou, *la Famille Benoîton*, acte I, scène IV.

lescence, ils ont couru profaner leur jeunesse entre les bras de quelque fille perdue qui leur a désappris le respect de la femme. Ils parlent de la vertu en hommes qui ne se souviennent pas qu'ils ont des mères et des sœurs !

Si quelque jour il leur prend fantaisie de se donner un démenti à eux-mêmes, afin de réparer les brèches de leur fortune, ou pour obéir aux sollicitations de leur famille, laquelle, par orgueil, ne veut pas que son nom périsse, soit pour trouver dans une alliance avec une famille puissante un appui à leur ambition, ils se conduisent comme le duc de Chartres annonçant son mariage par lettres d'enterrement, et donnant son dernier dîner de garçon dans une salle tendue de noir avec des ornements funèbres.

La diminution des mariages préjudicie à la société d'une autre sorte.

Elle abaisse le niveau de la vie moyenne.

Un savant contemporain, le docteur Starck, a constaté qu'entre vingt et vingt-cinq ans il meurt deux célibataires pour un homme marié. L'âge ordinaire auquel on voit ceux-ci parvenir est de cinquante-neuf ans et demi, depuis vingt ans jusqu'à la fin de leur vie ; le célibataire ne dépasse pas la moyenne de quarante ans. L'homme marié de plus de vingt ans a donc, d'après ce calcul, la chance de vivre dix-neuf ans et demi de plus que celui qui ne l'est pas. Après vingt-cinq, ans sa vie moyenne — elle n'est pas tout à fait de quarante-huit ans pour les célibataires — dépasse communément soixante ans. Il termine ses jours entre soixante et quatre-vingts ans. La moyenne du célibataire n'est que de trente ans ; plus des trois quarts succombent aux suites d'une vie déréglée [1].

L'accroissement anormal des célibataires peut en arriver à prendre l'importance d'une calamité publique.

La famille, qu'ils attaquent sans relâche, — ils

---

1. D'après le docteur Starck, la différence entre les femmes mariées et celles qui ne le sont pas est moins sensible que pour les hommes ; toutefois il établit qu'après trente ans les femmes mariées vivent plus longtemps que les filles.

sont pour elle ce que sont les frelons à la ruche! — finit par se dissoudre.

Aux familles on voit succéder les individus. Les naissances, déjà moins nombreuses, diminuent encore en proportion du nombre des mariages, le développement légitime de la population s'arrête; et l'État est réduit à composer ses armées de mercenaires qui le méprisent, le pillent et le trahissent, à peupler ses villes d'étrangers qui finissent par devenir ses maîtres.

Vainement la loi porte des peines contre le célibat ou promet des récompenses aux citoyens pères de plusieurs enfants. Le mariage, terrassé par le luxe, ne peut se relever de sa ruine. La décomposition sociale s'achève, et la paralysie, qui a envahi les membres, gagne rapidement le cœur; la famille, constituée par le mariage, est à l'État ce que les sources sont aux fleuves.

Dessécher la source, c'est tarir le fleuve!

VIII.

Empire croissant de la courtisane. — Les courtisanes d'autrefois, celles d'aujourd'hui. — Phryné, Aspasie, Flore. — La voiture d'une fille, conduite par un Prince du sang. — Les filles entretenues au faubourg Saint-Antoine. — La prostitution publique et la prostitution clandestine. — La femme du monde et la fille du peuple. — Conséquences d'une faute. — Augmentation des enfants naturels. — Leur rôle dans la société. — Les infanticides. — Une mère peut donc tuer son enfant! — Dernier état de la femme dépravée par le luxe. — L'orgie romaine. — Les Gitons. — Quatre vers de Martial. — Où en sommes-nous?

Le relâchement des mœurs est une autre conséquence de la diminution des mariages.

Les célibataires, chaque jour plus nombreux, propagent dans leur intérêt l'immoralité et la soutiennent.

La prostitution surgit des bas-fonds sociaux à

l'exemple de ces vapeurs malsaines qui, dans certaines contrées, s'élèvent, le soir, au-dessus des marécages. Elle s'offre effrontément aux regards comme Phryné à ses juges, et trouve des juges indulgents [1]. Ou elle se nomme Aspasie et traîne à sa suite Socrate, Périclès, Alcibiade; ou elle s'appelle Flore, institue des fêtes en l'honneur de la débauche, construit des théâtres et lègue sa fortune au peuple romain, qui l'accepte par un vote du sénat!

Ou c'est Mlle Beaupré qui, en 1777, se montrait à Longchamps dans un char de porcelaine traîné par quatre chevaux ferrés d'argent, et conduits par un Prince du sang; — ou elle s'appelle Mlle Duthé, Sophie Arnould, Mme Barrucci, Cora Pearl, et consomme pour ses plaisirs le revenu d'une province!

Insensiblement la société en arrive, avec la courtisane, de la tolérance à l'approbation, et on la

---

1. Phryné se trouva un jour assez riche pour relever Thèbes, ne réclamant du sénat d'Athènes d'autre récompense que le droit de placer sur la porte principale cette inscription : — *Alexandre l'a détruite, Phryné l'a rebâtie.*

voit exercer au grand jour sa honteuse industrie. Le luxe, dont elle devient l'enfant gâtée, parce qu'elle est son plus actif auxiliaire, s'épuise pour elle en complaisances serviles; le bronze, l'argent, l'or, l'ivoire, sont mis en œuvre pour reproduire sa beauté sous mille formes. Les pierres précieuses, les diamants semblent tout au plus dignes de la parer : ce serait à croire que Dieu les a faits uniquement pour elle !

Sa prospérité s'accroît du délaissement de la femme honnête; elle gagne du terrain en proportion de celui que perd la famille. On la rencontre partout aux premières places. Dès qu'elle paraît, nous la regardons sans mépris; elle s'avance le front haut, la bouche souriante. Nos fils, éblouis par l'éclat factice de sa beauté, croient voir en elle la trompeuse image des plaisirs faciles, nos filles demandent naïvement à leur mère quelle est cette reine qui passe.

Elle a sa cour, des courtisans de sa fortune, ses défenseurs, ses chroniqueurs, ses poëtes; elle envahit la littérature et le théâtre. Elle a ses héroïnes, dont les femmes honnêtes, — qui contribuent ainsi à son triomphe et à leur ruine, — connaissent les noms et se font raconter les intrigues galantes. L'honnête femme aime à pénétrer les secrets mystères de la vie des courtisanes, demandant à son mari ou à son frère de l'initier à leurs usages, de lui apprendre leurs plaisanteries graveleuses et leurs bons mots. On la voit copier leurs gestes, leur tournure, leur langage, leur mise, enchérir au besoin sur leur excentricité. Elle rêve au plaisir que l'amour-propre doit goûter à se livrer sans retenue à ses plus ruineuses fantaisies! Enfin, — dernier signe de son aveuglement, — elle court au théâtre s'attendrir au récit pathétique de leurs aventures.

Les hommes, — qui sont ici mieux dans leur rôle sans que leur attitude soit moins répréhensible ni moins dommageable à la société, — encensent l'idole et se pressent à la porte de son temple. Ils se disputent ses regards, et payent la plus légère préférence au prix de leur santé, de leur or, quelquefois de leur honneur!

Comment la courtisane, ainsi tolérée et encouragée, pourrait-elle douter de son empire?

Aussi est-ce à peine si elle daigne s'apercevoir des humiliations passagères que lui inflige de temps à autre la partie sage de la société.

A l'inauguration du nouveau champ de courses de Vincennes, alors que le boulevard qui unit cette belle promenade aux quartiers riches de la Chaussée-d'Antin et de la Madeleine n'était pas percé encore, les équipages prenaient par le faubourg Saint-Antoine. Les ouvriers commencèrent par regarder en silence ce tumulte élégant; mais lorsqu'ils virent défiler au fond de leurs luxueuses et rapides voitures, enveloppées dans le velours et la soie, escortées par une brillante jeunesse, les courtisanes à la mode, surtout lorsqu'ils eurent reconnu parmi elles des compagnes d'atelier, des parentes, des sœurs, ils commencèrent à murmurer, puis sifflèrent, et finirent par leur jeter de la boue [1].

---

[1]. On trouvera le récit de ces désordres dans les journaux de mars et avril 1864 et 1865. — M. Georges Maillard, rendant compte des premières courses de printemps à Vincennes, dans l'*Événement* du 19 mars dernier, y faisait allusion en ces termes : — « Le faubourg Saint-Antoine commence à se blaser sur ce

C'était le travail protestant d'une manière brutale et blâmable, mais en se faisant l'écho de la conscience publique, contre les prodigalités du luxe et la honteuse oisiveté de la débauche.

On rapporte que des scènes analogues se reproduisent chaque hiver à la descente de la Courtille, le jour où une jeunesse corrompue vient clore dans ce quartier laborieux de Paris les orgies d'une dernière nuit de carnaval.

Que peuvent contre l'entraînement universel quelques leçons isolées? La courtisane les oublie vite, et continue à étendre autour d'elle son influence morbide.

Les fautes que les femmes commettent n'ont plus pour excuse les entraînements du cœur. Le règne des amantes passionnées et malheureuses est fini. Le grand corrupteur, c'est le luxe.

spectacle..., je n'ai pas entendu dire que les scènes regrettables qui signalent les courses de Vincennes depuis deux ans, — les insultes aux femmes seules, les huées, la boue et les pierres jetées dans leurs voitures, — se soient renouvelées. »

A côté de la prostitution exercée au grand jour, il y a la prostitution clandestine qui, elle surtout, rencontre dans la société plus de complaisants que de censeurs. La femme dont la fortune peut payer la honte est assurée d'en cacher les suites.

On reconnaît les progrès de la prostitution clandestine à l'accroissement des enfants naturels [1], — cette autre plaie vive de notre société moderne. La famille leur manquant par la faute des parents, ils se tournent contre la société, qui les tolère sans les adopter, et leur nombre vient encore grossir l'armée des ennemis de la tranquillité publique.

Pourquoi s'étonner que des enfants sans mères se regardent comme des citoyens sans patrie !

Si la corruption des mœurs se traduit dans la

---

1. D'après l'*Annuaire du bureau des longitudes*, il n'y a plus eu à Paris, en 1866, que 38,775 naissances légitimes, mais il y est né 15,510 enfants naturels. En deux ans, de 1864 à 1866, le nombre des enfants naturels s'est élevé, pour Paris seulement, de 14,868 à 15,510. La progression est la même pour toute la France. Le total général des enfants naturels était de 73,919 pour 1862 ; il est de 75,900 pour 1864.

classe aisée par la violation du lien conjugal et une augmentation du nombre des enfants naturels, elle se manifeste dans la classe ouvrière et la population plus rude des campagnes par l'accroissement des attentats contre les mœurs.

En treize années, les viols et attentats à la pudeur ont augmenté de près des deux cinquièmes. En 1854, on en comptait dans tout l'Empire 841 ; leur chiffre est aujourd'hui de 1,166! La progression est surtout sensible pour les attentats sur des enfants. Les délits d'excitation à la débauche se sont élevés, dans le même temps, de 290 à 395. Les outrages publics à la pudeur étaient, en 1854, de 1,839 ; ils ont atteint, en 1866, 3,050.

Ce n'est point assurément là un bilan satisfaisant !

La corruption de la fille du peuple, quoique entraînant les mêmes conséquences que la corruption de la femme du monde, est moins condamnable peut-être, parce qu'au milieu de sa vie de privations et de pénibles labeurs elle est plus exposée aux incessantes provocations du luxe;

Le travail paraît lourd à qui en connaît seulement le servage ; et puis il est si doux, quand on a porté toute la semaine la robe de toile de l'ouvrière, de se parer, le dimanche, de quelque colifichet nouveau !

La société, au lieu de protéger l'ouvrière contre elle-même, semble avoir pris à tâche de la démoraliser. Les jeunes oisifs de la classe aisée, les vieillards lascifs, son patron, son chef d'atelier, ou quelqu'une de ces femmes sans nom, qui ne pouvant plus se prostituer pour leur compte se font les pourvoyeuses intéressées de la corruption d'autrui, la tentent tour à tour. La corruption monte autour d'elle comme ces marées de l'océan qui, à certains mois, recouvrent les plus hauts promontoires.

Lorsque la tête lui tourne, si elle succombe, si sa faute porte ses tristes fruits, la société, — quoiqu'ayant le plus souvent usé de ruse pour la corrompre, — se montre sévère et condamne sa faiblesse. La société s'offre, il est vrai, pour élever son enfant; mais avec quelle répugnance ! C'est à condition que sa faute sera divulguée, en la soumettant à des formalités dont elle a honte, et que d'ailleurs elle n'est pas toujours à même de remplir. L'effroi de la maternité, sa répugnance à recourir à une assistance achetée si cher, les conseils d'un égoïsme brutal, — fruit de la dépravation des mœurs, — la poussent au crime ; et elle tue son enfant, ne pouvant ou ne voulant l'élever.

Les infanticides sont les crimes dont le nom revient le plus fréquemment sur les rôles des cours d'assises : il y en a plus de la moitié encore dont les auteurs restent inconnus !

La société, au lieu d'arrêter le mal par une sévérité plus grande dans la répression, en est arrivée, par une indulgence qui est de l'insouciance, à ne plus infliger à ce crime hors nature qu'une punition inefficace [1].

Le nombre des infanticides connus a été, pour 1866, de 227.

---

1. Sur 3,081 infanticides jugés dans un espace de treize années, 22 seulement ont été suivis d'une condamnation capitale, généralement non exécutée ; 1,753 ont été punis de la peine des travaux forcés ; le reste, de la reclusion ou de quelques années de prison seulement.

Quoi ! il peut se trouver annuellement, en France, 227 mères assez dépourvues de tout sentiment humain pour donner la mort à leur enfant !

Il est donc vrai qu'il n'est pas rare de voir une mère guetter l'entrée de son enfant dans la vie, — comme on voit le tigre se mettre à l'affût de sa proie ; — et, sans faiblir, sans avoir horreur d'elle-même, sans sentir son âme se soulever, arracher de ses entrailles ce petit être, qui est elle encore, pour l'étouffer ou lui briser le crâne sur les dalles de sa chambre ! Une mère, douée par la nature de tendresse et d'amour, pourra devenir de sang-froid le bourreau volontaire de son enfant !

La société, corrompue par le luxe, a rendu la femme plus farouche que les animaux de proie ! la hyène, sur les sables africains, défend ses petits au péril de sa vie !

On s'explique, à la rigueur, les crimes provoqués par la haine, la jalousie, la convoitise ; on comprend qu'une pauvre fille séduite et devenue mère puisse se dire, durant ses insomnies : — « Mieux vaudrait que cet enfant, source de honte et de misère, ne vécût pas! » L'effroi de cette naissance peut aller jusqu'à chercher à la compromettre par des imprudences, jusqu'à vouloir tromper la nature par des manœuvres criminelles. Mais tout ce cortége de pensées sinistres devrait s'évanouir comme un mauvais songe; se dissiper, ainsi que les brouillards du matin au premier soleil, devant la naissance de l'enfant!

Là ne s'arrête pas la chute de la femme.

Un temps arrive où la prostitution devient son état le plus habituel. Elle ne veut plus être épouse, elle ne veut plus être mère, elle est *bacchante!* Le jour où ses excès, en amenant la satiété, l'ont enfin rendue méprisable, elle s'efforce d'entraîner la société dans la dernière abjection du vice [1].

Alors on entend parler pour la première fois de

---

1. Mme de Pompadour, voyant approcher l'instant où ses charmes perdraient de leur empire sur les sens blasés de Louis XV, inventa le Parc-aux-Cerfs, ce hideux harem d'enfants, dont il ne lui répugnait pas de se faire la pourvoyeuse habituelle.

ces débauches honteuses, de ces monstrueuses orgies, de ces pratiques hors nature, dont les écrivains de la Rome impériale se sont faits les complaisants historiens. La courtisane apparaît assise, comme le génie du mal, sur les ruines de la société en délire.

Elle est maintenant plus puissante que la loi, plus forte que les protestations affaiblies de l'honneur public.

A Rome, — dont je ne me lasse pas de citer l'exemple, tant son enseignement est d'une saisissante énergie, — on avait cru diminuer la prostitution en astreignant les courtisanes à un costume infamant. Coiffées d'une mitre basse, à peu près semblable à celle de nos évêques du moyen âge, — usage au moins singulier renouvelé par le bon roi saint Louis, — elles portaient une ceinture de pourpre et une tunique relevée sur le genou. Elles étaient astreintes à donner leurs noms aux édiles, qui les inscrivaient sur un registre public. Mais les registres ne tardèrent pas à se remplir de noms distingués, même de noms illustres; et il fut rendu un décret du sénat pour défendre la prostitution aux femmes dont le père, l'aïeul ou le mari faisaient partie de l'ordre des chevaliers.

Voilà pourtant où en était venu un peuple qui comptait parmi ses ancêtres Lucrèce, Porcia, Cornélie !

Une fois sur cette pente, la décomposition sociale ne s'arrête plus.

La femme, après avoir dépravé les hommes, les égale, si elle ne les surpasse, par ses déportements. Messaline et Poppée trouvent une émule dans Marguerite de Bourgogne; la tribade antique reparaît sous le règne de la Du Barry[1].

A ce moment la *Polyandrie* et la *Sodomie* deviennent des vices communs. On divinise Ganymède, Hylas, Nicomède, Antinoüs; et on voit paraître à fleur d'eau la troupe efféminée des *Gitons*, des *Mignons*, des *Pederasti*. A Rome, dans les derniers temps, ils pullulaient; par un incroyable excès de cynisme on distinguait leurs qualités, leurs aptitudes diverses sous les noms

---

1. *Mémoires secrets* de Bachaumont.

de *Cinœdi, Phrygei pueri, Concubini, Prœdicones.*

Un poëte, dont les petits vers, — répandus dans tout l'Empire, qui comprenait l'universalité du monde connu, — étaient dévorés dans les boudoirs et les ruelles, pouvait, à la honte de son siècle, écrire ceux-ci :

>Divisit natura mares : pars una puellis ;
>Una viris genita est ; utere parte tua.
>
>Sit nobis ætate puer, non pumice lævis,
>Propter quem placeat nulla puella mihi [1].

Notre temps, — il nous en coûte de le confesser, — n'est pas à l'abri de ces infamies. Nous les avons vues reparaître avec les Mignons de Henri III, et après eux ! Des procès récents à Paris, à Caen, à Marseille [2], sont venus nous en

---

1. Martial, l. XI et XIV. Epig. XXIII et CCIII.

2. Le procès de Marseille est tout récent. Il a eu lieu dans le mois de mai 1868, à la suite de l'assassinat d'un commerçant de cette ville, nommé Aymès.

révéler l'existence, et causer parmi nous autant de répulsion que de surprise.

Pourquoi tairions-nous ces ignominies?

Loin de nous cacher nos plaies, il faut nous les montrer avec effroi : en rougir sera peut-être commencer de les guérir.

IX.

Un arrêt de Cour souveraine. — Paris capitale du monde. — Sa renommée de plaisir. — Tout pour les riches! — Les visites des Souverains. — Dangers moraux et sociaux de la création d'une ville unique. — Les extrémités se refroidissent. — Le cœur se développe au détriment des membres. — Refoulement des intelligences. — Triomphe de la bassesse et de l'intrigue. — Une hiérarchie excessive. — Le laminoir. — *Urbs.*

On ne peut nier que chez nous la démoralisation ne soit en progrès, et que la cause n'en remonte au luxe.

Dans un arrêt récent de l'une des principales cours de l'Empire, — arrêt qui a obtenu les honneurs d'une citation au Corps législatif, — nous entendons les magistrats déplorer l'affaissement croissant des mœurs publiques [1].

« A moins de recueillir, comme je le fais depuis dix ans, a dit un de nos économistes, — moralistes contemporains, les doléances des familles frappées dans leurs plus chers intérêts, on ne saurait soupçonner les désordres sociaux provoqués dans Paris par quelques milliers de femmes qui s'y tiennent en rébellion ouverte contre les devoirs de leur sexe [2] ».

Les derniers recensements donnent, pour Paris, un total de cinquante mille femmes qui, soit ouvertement, soit clandestinement, se livrent à la débauche et vivent du produit de leur inconduite.

---

[1]. Arrêt de la Cour impériale de Rennes, du 6 décembre 1865. Cet arrêt constate — « le regret qu'éprouve le magistrat de se trouver désarmé devant l'affaissement toujours croissant des mœurs publiques. »

Rapporté dans la *Gazette des Tribunaux* et le *Monde illustré* (Courrier du Palais), de 1866, p. 110. — Cité devant le Corps législatif par Eugène Pelletan. Séance du 20 mars.

[2]. Le Play, *La Réforme sociale en France*, t. I, p. 277, 2ᵉ édition.

Rassurez-vous! Ce n'est ni Paris ni la France qui produisent à eux seuls cette population corrompue; elle se recrute dans le monde entier. Ce ne sont ni les Parisiens ni même les Français qui payent sa prospérité scandaleuse. Ces femmes lèvent impôt sur l'étranger. Leur clientèle est cosmopolite; leurs noms, le prix de leurs charmes, leur savoir, — cotés comme une valeur de bourse, — sont mieux connus à Londres, à Saint-Pétersbourg, Berlin, Vienne, New-York, Montevideo, qu'à Paris. On citait une reine de ce monde vicieux qui, dans l'attente de la dernière Exposition, avait fait répandre à l'avance ses portraits dans toutes les capitales de l'Europe.

Paris tend à devenir la capitale du monde.

La vie y est difficile, les vivres, les loyers, les impôts y sont lourds pour les fortunes modestes et la bourse de l'ouvrier; mais c'est la seule ville où une grande fortune trouve à se dépenser à sa fantaisie. Avec le même revenu, on ne pourrait se procurer dans les autres capitales la même somme de jouissances. N'est-ce pas cette renommée de plaisir, plus peut-être que l'intention de rendre hommage aux progrès de notre civilisation, qui nous a valu la récente visite des Souverains étrangers ?

Je ne trouve rien d'aussi contraire au bonheur d'un peuple, ni d'aussi dangereux pour la conservation de ses mœurs et le maintien de son honneur, que cette prospérité anormale d'une ville, ce développement excessif du cœur au détriment des membres.

Dans tous les temps l'excès de la civilisation arrivée à son apogée et les premiers symptômes de sa décadence ont eu pour signes avant-coureurs la création d'une ville.

Ne faut-il pas au luxe un théâtre digne de lui ?

Comme dans un brasier près de s'éteindre, la flamme et la chaleur affluent au centre, mais se retirent en même temps des extrémités. Ce grand foyer ne s'allume qu'à la condition que mille lumières vont s'éteindre.

En vain on prétendra que de la centralisation découle une unité puissante, source de force et d'autorité; que préparer aux intelligences un vaste théâtre c'est provoquer leur éclosion par une émulation plus grande.

La conformité de pensée soumet plus sûrement les âmes que l'action du pouvoir!

Quant aux intelligences, la ville dans laquelle s'absorberont les forces vives de la nation, quelque vaste, active et puissante qu'on l'imagine, ne pourra donner place à toutes. Plus le foyer des lumières et du pouvoir sera concentré, et plus les abords en seront difficiles; il se formera aussitôt une double haie d'hommes bien pourvus, intéressés à écarter les compétitions nouvelles. D'un autre côté, dans les provinces retirées, aujourd'hui sans apparence de vie, qui autrefois étaient, elles aussi, un théâtre où les supériorités se faisaient reconnaître, combien ne comptera-t-on pas d'intelligences jeunes, actives, pleines de séve, qui ne pouvant, faute de moyens, prétendre à la notoriété de la grande ville, s'étioleront dans l'ombre au grand dommage de la société, contre laquelle on les verra se tourner le plus souvent?

Rien n'est aussi contraire à la sécurité de l'État que la mystérieuse fermentation de ces intelligences ennemies. Elles travaillent comme la séve qui, refoulée de l'arbre, s'élance en rejets désordonnés, ou le termite qui, poursuivant sans relâche sa mine sourde, renverse le cèdre lui-même. Un jour arrive où ce monde souterrain d'ardents et infatigables travailleurs fait explosion à la surface, et on est tout surpris de voir une génération d'hommes, hier encore inconnus ou méprisés, s'installer à la place des puissances qu'ils ont renversées, sans que le public s'aperçoive du changement.

Je vois d'autres dangers à la création d'une ville, centre unique de luxe, d'activité et de lumières.

D'abord le développement de la bassesse humaine, et le funeste exemple de la flatterie traitée à l'égal du mérite ; ensuite l'avortement des intelligences, lesquelles, étant parvenues à franchir, non sans peine, les premiers obstacles, succomberont presque infailliblement devant l'intrigue ou le hasard, capables, à eux seuls, de tenir lieu de talent.

La jeunesse, pour avoir sa place aux affaires, se précipite dans les antichambres, ou perd à se faire admettre dans la clientèle d'un grand le temps qu'elle pourrait employer à s'instruire.

Il y a encore le système des hiérarchies.

Développé à l'excès par la centralisation, il devient, dans la plupart des cas, funeste au talent et favorable à la médiocrité.

La hiérarchie, par le frottement de ses rouages infinis, ses retards, ses heurts, ses préjugés, affaiblit les caractères.

On les voulait assouplir, on les a énervés.

L'Empire grec était, lui aussi, un État fortement hiérarchisé : nous savons ce qu'il est devenu !

La hiérarchie, bonne en elle-même, mais altérée par l'abus qu'on en fait, ressemble au laminoir, — cette redoutable machine, — qui reçoit, au sortir de la fournaise, un pesant bloc de fer, le débite en une seconde, et vous rend une douzaine de barres, étroites, minces, flexibles, propres à tout, excepté aux usages de la force.

Ce qui rend plus particulièrement funeste le développement anormal d'une ville, ce sont les facilités que la corruption trouve pour s'y cacher et s'y répandre.

Je redoute de voir Paris[1] en arriver à cette notoriété honteuse qu'avait Rome.

Elle était devenue l'hôtellerie du monde, une ville de marbre où rampaient des passions de boue, une capitale sans nom; et, dans les Gaules, en Germanie, en Espagne, en Asie, en Afrique, on disait *la Ville* — Urbs — pour désigner ce lupanar de la civilisation antique !

---

1. Boileau représentait déjà le Paris de son temps :

> . . . . une ville
> Où l'honneur a toujours guerre avec la fortune.
>
> Satire IV.

X.

Les entraînements de la toilette. — M. Dupin. — Encore la femme à la mode. — L'article religion. — Le costume, image des mœurs. — Un regard en arrière. — Souliers à la poulaine. — Les vertugadins et la crinoline. — Les modes actuelles en désaccord avec le bon goût. — La femme française a compromis son renom d'élégance. — Elle nous a pris notre costume masculin. — Les coiffures. — Le *toupet à tempérament*. — Le *pouff au sentiment*. — Accessoires de la toilette. — Excentricité n'est pas élégance. — L'inconstance de la mode contraire à la production autant qu'à la consommation. — Opinion de J.-B. Say. — Il faut ouvrir de nouvelles carrières aux femmes. — Mouvement dans ce sens. — Emplois des femmes usurpés par les hommes. — Les races d'efféminés. — Action de la mode sur les caractères. — La loi.

Le goût de la toilette, l'empire croissant de la mode, doivent être signalés comme une des premières causes de la démoralisation de la femme.

C'est l'amorce que le luxe emploie pour la séduire. Il lui parle toilettes, bijoux, parures ; il flatte son orgueil en lui vantant sa beauté, sa grâce, sa jeunesse : comment la femme résisterait-elle à ce langage perfide ?

« C'est, — disait peu galamment un philosophe du XVIe siècle, — un vice familier et spécial aux femmes que le luxe à l'excès aux vestemens ; vray tesmoignage de leur foiblesse, — voulant se prévaloir et rendre recommandables par ces petits accidens, pour ce qu'elles se sentent foibles et incapables de se faire valoir à meilleures enseignes. Celles de grande vertu et couraige s'en soucient beaucoup moins[1]. »

Il est admis que les filles entretenues donnent le ton.

Quelques femmes, par leur nom, leur éducation, leur grande fortune, leur position dans le

---

[1] Pierre Charron. — *De la Sagesse*, liv. I, chap. LXIV.

monde, leur influence sociale, pourraient réagir contre ce funeste engouement : elles paraissent au contraire avoir pris à tâche de le développer.

Je ne sais si leurs mœurs sont bonnes; elles font tout ce qu'il faut pour paraître les avoir mauvaises. Il n'y a, dans leur tenue, leur toilette, leur langage, rien qui les distingue, à vrai dire, des courtisanes. Lorsqu'il leur arrive d'être prises pour ce que je désire qu'elles ne soient pas, elles ébruitent l'aventure et s'en amusent : on dirait qu'elles en ressentent de l'orgueil.

Je ne sais si elles ont de la religion, bien qu'elles fréquentent les églises à la mode. Elles y quêtent deux ou trois fois l'an, et ont leur place marquée par un douillet prie-Dieu de velours.

Elles prient par habitude, par imitation et convenance, — car il n'est pas encore reçu que la femme soit athée; elles prient à condition que Dieu exaucera leur prière. Mais, à la première épreuve, elles s'éloignent comme l'enfant que sa mère châtie. Le malheur éteint leur foi au lieu de l'affermir. Dans ce temps, avec les passions étroites que le luxe enfante, Jésus n'a plus sur les âmes qu'un empire limité. A une femme adonnée aux entraînements de la mode, les formes extérieures du culte suffisent. Son cœur reste fermé; autrement on la verrait changer de conduite. Elle abaisse la religion à son niveau, se contentant de se passionner pour un prédicateur, un directeur, ou un jeune abbé nouvellement sorti de son séminaire. L'église devient un théâtre : il y a des toilettes d'église, comme des toilettes de courses, de spectacle ou de bal!

Quelques-unes de ces femmes sont mères; mais, — c'est le signe auquel elles se reconnaissent, — on ne les voit jamais avec leurs enfants.

Elles ont des fils qu'elles tiennent éloignés, de peur que leur taille n'accuse trop crûment l'âge de leur mère. Ils s'élèvent dans quelque lointain collége et n'apparaissent dans l'intérieur domestique qu'à de rares intervalles, comme des étrangers.

Elles ont des filles, de jolies enfants blanches et roses, qui seraient leur parure et pourraient devenir leur joie; mais elles voient en elles une gêne à leur vie mondaine, redoutent leur beauté rivale, et les oublient à la pension, ou au couvent, auquel succédera, sans interruption, le mari.

Ces reines inconstantes de la mode ne savent jamais résister à un caprice. Elles vont, comme des filles, souper en compagnie au cabaret; et les passants des boulevards voient leur voiture stationner la nuit devant la porte des restaurants. Elles ont des procès avec leur coiffeur, leur parfumeur, leur carrossier, leur tailleur, leur costumier.

Elles sont de vivants scandales.

Tout le bruit qui se fait autour d'elles ne parviendra pas, je le sais, à détourner de leur devoir, dégoûter de leur vie simple la majorité des mères de famille; mais bon nombre de femmes n'ont ni assez d'esprit ni assez de cœur pour échapper à leur mauvais exemple. Prétendant les imiter et suivre à leur tour les entraînements de la mode, elles demandent des ressources à l'inconduite, ou prennent, tout au moins, sur l'argent nécessaire à leur maison. La honte ou la gêne y règne; quelquefois toutes deux ensemble; et, tandis qu'elles se couvrent d'étoffes d'un haut prix, adoptant chaque jour une mise nouvelle, tout le travail du mari ne suffit plus pour payer les toilettes de sa femme.

Celle-ci a su, le plus souvent, mettre dans ses intérêts un époux débonnaire, qui sera pourtant le premier à souffrir de son excès de dépense.

Cette émulation ruineuse de la toilette se propage de rang en rang jusqu'aux classes les plus modestes [1].

« L'excès des toilettes, — a dit M. le procureur général Dupin avec la verve gauloise qui lui était familière [2], — descend dans les classes inférieures par imitation, par esprit d'égalité... Quand on doit aller à une fête, qu'on veut y faire quelque figure et qu'on n'a pas de quoi, l'amour-propre

---

1. « Je ne crois pas qu'il y ait un autre pays au monde où les usages des classes élevées soient plus vite imités par la bourgeoisie et le peuple. Cette imitation est souvent excessive. »

Batbie, *Cours d'économie politique*, t. I, p. 333.

2. Discours au Sénat. 22 juin 1865.

l'emporte; on répugne à le dire au mari : la caisse conjugale est vide; on s'habille à crédit, on signe des billets, des lettres de change pour lesquelles on cherche des endosseurs, et dont l'échéance est toujours fatale à la vertu. »

Si le costume est une révélation du goût de la personne, il est aussi un miroir exact des mœurs.

Les costumes sévères, les modes peu coûteuses et constantes furent toujours l'apanage des siècles sérieux; les costumes bariolés, les modes ruineuses et sans cesse nouvelles sont propres aux siècles futiles et corrompus.

N'allons pas tirer vanité de l'apparente sévérité de notre habit noir et de la forme disgracieuse, presque ridicule, de nos chapeaux modernes !

Ce n'est tout au plus qu'un signe de la décadence du goût.

Nous portons le deuil de notre gaieté !

Nos tailleurs, ces industriels inventifs, ont, du reste, trouvé moyen d'exercer leur imagination sur cet étroit morceau de drap noir dont ils changent la forme chaque année, s'en prenant tantôt aux basques, au collet, aux manches, aux poignets, ou aux parements; de telle sorte, qu'avec notre disgracieux costume il sera toujours loisible à un homme à la mode de dépenser pour sa toilette autant que le plus élégant seigneur d'autrefois.

Si nous ouvrons l'histoire, bonne à consulter en ces sortes de matières, nous y voyons que ceux de nos ancêtres dont la legèreté ou la lâcheté ont pu un instant compromettre l'honneur national furent adonnés sans frein au goût de la parure, passionnés pour les changements de modes.

Les derniers Mérovingiens, les seigneurs de Philippe le Bel et de Charles VI, les mignons de Henri III, les roués de la Régence, les habitués de l'OEil-de-Bœuf, ont partagé les mêmes travers.

Rappeler leur exemple sera un motif pour ne pas les imiter.

On ne saurait imaginer jusqu'où allait la magnificence sous les Mérovingiens. L'or et les pierres précieuses brillaient partout. « Saint Éloi, qui ne vint à la cour qu'avec la qualité de simple orfévre, portait des ceintures enrichies de pierreries[1]. »

Sous Philippe le Bel on vit apparaître une mode de chaussure, — « ... la plus bizarrre que l'on puisse imaginer : c'étoit une espèce de souliers que l'on nommoit *souliers à la poulaine*. Ils finissoient en pointe, dont le becq étoit plus ou moins long selon la dignité de la personne. Les gens du commun les portoient ordinairement d'un demi-pied ; les plus riches, d'un pied ; les grands seigneurs et les princes, de deux pieds. Quelquefois ce becq étoit terminé par deux cornes, d'autres fois par des griffes ou des figures d'ongles ; enfin les plus ridicules étoient les plus beaux [2]. »

---

1. *Histoire de France*, par Velly, t. I, p. 128 et 129.

2. Delamare, *Traité de la police*, liv. III, chap. IV, p. 362.
Anquetil a ajouté à cette peinture : — « Le luxe des habits, dit-il, — la danse lascive..., étaient les vices communs à la cour... les sexes et les âges étaient également dissolus et sans pudeur, passionnés pour les changements de modes. »
Hist. de France, t. I, p. 268.
Il fut nécessaire, pour mettre fin à la mode des souliers à la poulaine, de l'autorité de deux conciles, — ceux de Paris en 1212,

Nous aussi, nous avons vu se produire des modes dont il a été permis de dire que les plus ridicules passaient pour les plus belles !

Au temps de Louis XIII, « les femmes prirent d'Espagne la mode des *Vertugadins* qui élevoient leurs robes en cercles autour d'elles de huit ou dix pieds de circonférence... Cette mode bizarre, — pour ne rien dire de plus, — consommoit beaucoup plus d'étoffe et coûtoit des sommes considérables en façons [1]. »

Avec Louis XV, les *vertugadins* reparurent sous le nom de *paniers*.

d'Anvers en 1265, — et d'un édit de Charles V, *9 octobre 1369*, déclarant « cette superfluité contraire aux bonnes mœurs, adoptée en dérision de Dieu et de l'Église, par vanité mondaine et folle présomption. »

1. Delamare, liv. III, tit. 1, chap. IV, p. 366.
L'édit du 17 janvier 1563 avait fait expresse défense aux femmes de porter des *vertugales* de plus d'une aune ou une aune et demie de tour. Louis XIII se trouvant à Toulouse fut assailli de si pressantes réclamations de la part des plus jolies femmes de la cour et de la ville, qu'il dut revenir sur la sévérité de sa première Ordonnance. Des lettres patentes du 20 février 1565 permirent aux femmes et aux filles de porter des vertugadins à leur commodité, *et néanmoins avec toute modestie.*

Nous avons remis en honneur cette mode plus gênante que gracieuse; et nos femmes se sont de nouveau arrondi la tournure à l'aide de cages de baleine ou d'acier. Un caprice récent de la mode en a diminué le volume sans en bannir l'usage.

On a pu voir, au temps où cette mode ridicule était le plus en crédit, des magasins suspendre à leur montre des crinolines à ressorts d'or et d'argent!

Un auteur, qui écrivait à la fin de la Régence, a fait des entraînements de la mode une peinture toujours vraie; elle pourrait passer pour dater de ce siècle et inspirée de ses travers.

« De nos jours, — disait Dupradel, — les femmes ont trouvé le secret d'employer dans un seul habillement plus d'étoffe qu'il n'en fallait autrefois pour plusieurs. Elles se grossissent outre mesure. L'or, l'argent, la soie, les riches dentelles, les pierreries, tout est épuisé pour les orner. Elles n'en ont jamais assez, ni d'assez haut prix. »

Quelques femmes en sont revenues à ces prodigalités insensées; on a vu reparaître cette folle inconstance de la mode, que ne sanctionnera jamais le véritable bon goût. Le renom d'élégance de la femme française en a été compromis. D'inventrice elle paraît être devenue la pâle imitatrice de nos modes anciennes, même des modes étrangères; elle fait indifféremment des emprunts à l'Anglaise, à l'Italienne, à l'Allemande, sans toujours parvenir, malgré l'argent qu'elle y consacre, à composer un costume élégant.

A force de vouloir du nouveau à tout prix, les femmes en sont arrivées, par une étrange aberration du goût, à s'emparer pièce à pièce de notre costume masculin, si essentiellement disgracieux pourtant. Elles ont commencé par la chaussure, et ont cavalièrement mis à leurs pieds nos guêtres et nos bottes; ensuite elles ont porté nos gilets et nos faux-cols, des chemises et des chapeaux d'homme ; puis, sous le nom de *Zouaves*, *Sultanes*, *Saute-en-barque*, *Coins-de-feu*, elles ont endossé nos vestes courtes du matin. Un jour on les vit essayer nos habits aux basques étriquées. Elles ne nous ont pas même laissé les accessoires : la canne et le lorgnon !

Je n'ignore pas que, de tout temps, la mode a été demander ses inspirations au caprice ; en voici un piquant exemple pris au siècle dernier.

« Cet été, — rapportent les *Mémoires secrets* de Bachaumont[1], — la reine[2] ayant choisi une robe d'un taffetas d'une couleur rembrunie, le roi[3] dit en riant : — *C'est couleur de puce !* et à l'instant toutes les femmes de la cour voulurent avoir du taffetas *puce*. La manie passa aux hommes ; les teinturiers furent occupés à travailler des nuances nouvelles. On distingua entre la vieille et la jeune puce, et l'on en sous-divisa les nuances : le ventre, le dos, la cuisse, la tête. Cette couleur semblait devoir être celle de l'hiver ; mais les marchands, intéressés à multiplier les modes, ayant présenté des satins à la reine, Sa Majesté en a distingué un d'un gris

---

1. Année 1775.
2. Marie-Antoinette.
3. Louis XVI.

cendré. Monsieur[1] s'est écrié qu'il était couleur des cheveux de la reine. A l'instant la couleur puce est tombée, et l'on a dépêché des valets de chambre de Fontainebleau à Paris, pour demander des velours, des ratines, des draps de cette couleur; et dans ceux-ci certains coûtaient, la veille de Saint-Martin, 86 livres l'aune : leur prix courant est de 40 à 42 livres. »

Il y avait encore les nuances *Ventre de puce en fièvre de lait*, — *Entrailles de petit-maître*, — *Soupir étouffé*, — *Couleur de cuisse émue*. La couleur *Opéra brûlé* fut trouvée le jour où ce théâtre devint la proie d'un terrible incendie. Après que la caisse d'escompte eut fait une banqueroute scandaleuse, les hommes adoptèrent la mode de chapeaux sans fond, uniquement pour se donner le malin plaisir de les nommer *Chapeaux à la caisse d'escompte*.

Si nous attribuons, comme autrefois, aux modes nouvelles des désignations de fantaisie, il faut

---

[1]. Le Comte de Provence, depuis Louis XVIII.

convenir que nous ne nous en tirons plus avec le même esprit.

On dirait notre langue trop pauvre pour satisfaire toutes nos exigences, et fournir docilement des noms nouveaux à ces couleurs d'étoffes si variées, à ces formes de vêtements, à ces ornements accessoires constamment renouvelés. On leur donne le nom banal d'un livre, d'une pièce, d'un homme, d'une femme, d'un acteur, d'une actrice, d'un cheval dont on a parlé dans l'année; ou on les affuble de quelque désignation aussi triviale qu'indécente, dont le seul mérite est de bien répondre à leur extravagance.

Les longs rubans aux couleurs éclatantes que les femmes ont eu un jour la fantaisie de s'attacher au milieu du dos en forme de guides se sont appelés familièrement des *Suivez-moi-jeune-homme*. Elles ont enflé avec exagération leur tournure à l'aide d'un bourrelet de crin qui a pris la place de la crinoline momentanément en discrédit, et ce ridicule accessoire est devenu, par un excès de familiarité, un *Sous-lieutenant* ou un *Tapez-moi-là-dessus!* Le large nœud de rubans que les femmes s'attachent par derrière sur leur ceinture est un *Protégez-moi-mon-père*, ou un *A-moi-gendarmes!* Les houppes blanches qui se balancent aux capuchons de certains paletots courts sont des *Sonnettes-de-nuit*. Enfin l'excentricité et l'immoralité de la mode, la dépravation du goût, en sont arrivées à ce point qu'on a pu trouver un instant gracieux un plus vaste développement du ventre ; les couturières ont alors mis en vente des plastrons destinés à en augmenter le volume et désignés sous les noms expressifs d'un *Six-mois* ou *Demi-terme*.

De telle sorte que les femmes emploient aujourd'hui pour leur toilette un certain nombre d'accessoires dont elles ne peuvent décemment prononcer le nom.

La coiffure a suivi la loi de l'habillement.

Chaque mois, presque chaque semaine, voit modifier l'arrangement des cheveux féminins. Tantôt ce sont des chignons, toujours fort amples, — parce qu'on a seulement la peine de les choisir chez le marchand, — qui tombent sur le cou ou se relèvent très-haut sur la tête. Le front tour à tour se dégage, ou se couvre de frisures; soit d'une seule mèche savamment rebelle, et cela se nomme se coiffer à *la chien*. On s'attache une foule de petites papillotes sur la nuque, ou une seule fort longue au côté, ou toute une chevelure retombant à flots bouclés sur les épaules. Bientôt on se poudrera : nous en revenons aux perruques !

La couleur des cheveux change en même temps que leur arrangement. Le roux fut à la mode, parce que l'héroïne d'un roman fort connu avait des cheveux vénitiens; la grande majorité des femmes se trouvèrent alors être rousses. Leur teint était en harmonie avec la nuance de leurs cheveux. L'art moderne a découvert le secret de donner la blancheur du lait à la plus affreuse négresse. Tout Londres est encore en ce moment occupé de Mademoiselle Rachel *l'émailleuse*, laquelle réclamait, devant les tribunaux, 20,000 francs à une cliente pour lui avoir composé une peau d'ivoire; et annonce aujourd'hui, parmi ses cosmétiques et autres secrets de beauté : — *l'Eau du Jourdain*, au prix de 20 guinées le flacon, *les Huiles divines d'Arabie*, — *La Toilette Arabique Royale*, préparation dont le prix varie entre 100 et 1,000 guinées; soit 2,625 à 26,250 francs! Du reste, les prospectus de nos grands parfumeurs parisiens ne le cèdent en rien à celui-ci, si ce n'est que leurs prix sont moins extravagants.

Un jour les blondes s'étant trouvées, — on ne saurait dire pourquoi, — plus en faveur que les rousses, tous les cheveux redevinrent blonds : on n'aurait jamais soupçonné qu'il pût exister en France un si grand nombre de blondes!

Les ornements de la coiffure sont aussi variés et compliqués que l'arrangement des cheveux. Chapeaux, bonnets, résilles, peignes de métal, d'écaille ou d'ébène, perles, plumes, fleurs, épingles, rubans, camées, forment un chaos plus savant qu'harmonieux. Quelques coiffures, par leur complication, leur excentricité ou leur volume, rappellent celles du siècle dernier, alors que les femmes se coiffaient à l'*Oiseau-royal*, au *Héris-*

son, à la *d'Estaing*, à la *Montgolfier*, au *Port-Mahon*. La coiffure à la *Belle-Poule* représentait tout un combat naval. Il y avait aussi les *Anneaux branlants*, la *Follette*, le *Toupet à tempérament*, le *Pouff au sentiment*, dont quelque jour peut-être un coiffeur à la mode fera revivre le goût.

Voici, au reste, la description que nous en a laissée Bachaumont :

« C'est une coiffure qui a succédé au *Quesaco*, et lui est infiniment supérieure par la multitude de choses qui entrent dans sa composition, et le génie qu'elle exige pour la varier avec art. On l'appelle *pouff* à raison de la confusion d'objets qu'elle peut contenir, et : *Au sentiment*, parce qu'ils doivent être relatifs à ce qu'on aime le plus. La description de celui de Mme la duchesse de Chartres rendra plus sensible cette définition fort compliquée. Dans celui de Son Altesse Sérénissime, au fond est une femme assise sur un fauteuil, tenant un nourrisson, — ce qui désigne M. le duc de Valois et sa nourrice. A la droite, un perroquet becquetant une cerise, — oiseau cher à la princesse.

A gauche, un petit nègre, — image de celui qu'elle aime beaucoup. Le surplus est garni de touffes de cheveux de M. le duc de Chartres, son mari, de M. le duc de Penthièvre, son père, de M. le duc d'Orléans, son beau-père. Toutes les femmes veulent avoir un pouff, et en raffolent [1]. »

Le pouff au sentiment ne tarda pas toutefois à être délaissé pour la coiffure *aux Relevailles de la reine;* puis, les femmes voulant faire leur cour à Marie-Antoinette, laquelle, dans sa dernière couche, avait perdu ses cheveux, se débarrassèrent la tête de ces volumineux accessoires, et se coifférent à l'enfant.

Aujourd'hui, comme alors, les femmes changent si volontiers de coiffure et de mise que, dans un espace de cinq années, leurs portraits ne sont plus ressemblants. Les enfants ne retrouvent pas leurs mères; elles-mêmes ont peine à se reconnaître. Mme de Sévigné s'étant fait peindre à vingt années d'intervalle, apparut à sa fille et à ses amis

---

1. *Mémoires secrets.* — Année 1774.

toujours semblable à elle-même, — sauf les changements inévitables du temps.

C'est que le vrai bon goût, inspiré par l'esprit, ne se prête pas à ces mille travestissements. Lorsqu'il a trouvé une forme ou un arrangement heureux, il s'y arrête et cherche tout au plus à le perfectionner.

Une mode nous plaît par cette seule raison qu'elle est nouvelle ; dès qu'elle s'est répandue et que l'œil s'y est accoutumé, on se hâte d'en inventer une autre. L'imagination ne peut suffire à ces créations innombrables ; et ceux qui inventent les modes et celles qui les portent se jettent à l'envi dans tous les écarts de l'excentricité.

Les défenseurs du luxe ont cru voir, dans une mode sans cesse renouvelée, une cause d'émulation pour nos artistes et de prospérité pour nos fabriques. — « D'ailleurs, — ajoutent-ils, — l'industrie moderne, puissamment secondée par les machines et la vapeur, a trouvé, malgré l'augmentation des salaires, le secret de livrer à des prix minimes des étoffes élégantes, autrefois fort coûteuses. Si la mode en consomme davantage, le prix d'achat étant moindre, la dépense ne se trouve pas notablement accrue. »

Les dépenses de toilette portent moins sur l'achat de l'étoffe que sur la façon du vêtement; je pourrais citer des toilettes de plus de mille francs, dont l'étoffe n'a guère coûté que trois francs le mètre. Presque toujours les accessoires dépassent le principal; ils sont plus variés, plus nombreux qu'autrefois, la mode change plus souvent, l'entraînement vers tout ce qui est nouveau est plus irrésistible, de telle sorte que la dépense se trouve à peu près la même; c'est-à-dire, dans la plupart des cas, excessive par rapport au revenu.

Les changements fréquents de la mode ne sont pas plus favorables aux intérêts du producteur qu'à ceux du consommateur.

Pour le fabricant, il y a l'article considérable des pertes sur les dessins et les étoffes dont la mode n'adopte pas l'usage. Ensuite, la nécessité de livrer ses produits au plus bas prix possible fait qu'il cherche à économiser sur la façon et la main-d'œuvre; la bonté, la beauté, la solidité de la marchandise, s'en ressentent. Il ne s'attache plus qu'à lui donner l'apparence. D'ailleurs, il compte que la mode aura changé avant que la mauvaise qualité de ses produits n'ait eu le temps de paraître.

Ce calcul est cause que notre commerce se trouve déprécié sur les marchés étrangers.

Les caprices de la mode soumettent la production à un aléa contraire à sa sécurité.

La vogue s'attache-t-elle à une fabrication, le fabricant gagnera beaucoup. Si au contraire sa marchandise, quoique dans des conditions meilleures, ne trouve qu'un débouché médiocre, il sera en perte.

Au milieu de ces incertitudes, l'industrie française n'a pas foi en elle-même. Sans cesse menacée par les fluctuations de la mode, elle est plus portée à devenir habile qu'à rester honnête. Nous ne voyons pas se former chez nous de ces familles industrielles, la gloire et la richesse de l'Angleterre; un fabricant qui a réussi s'empresse de retirer ses capitaux du commerce, comme le joueur prudent se hâte de mettre son gain en sûreté.

Le changeant empire de la mode n'a pas davantage pour conséquence d'enrichir le marchand au détail, intermédiaire obligé entre le producteur et le consommateur. Les risques qu'il lui fait courir ont donné lieu à l'ouverture de ces magasins immenses où tout se trouve, depuis la ganterie jusqu'à l'ameublement : l'importance du capital et la variété des articles le garantissent alors contre les pertes causées par la mode. Mais ces grands magasins ont entraîné la suppression d'une foule d'industries trop faibles pour soutenir la concurrence, et ont fermé au petit capital qui tenterait de fructifier avec ses seules ressources toute chance de succès.

Les chefs de ces maisons sont maîtres du prix des salaires. A Paris, une ouvrière gagne quinze sous à coudre et piquer une chemise: il existe des rémunérations plus minimes encore. Le luxe favorise le monopole dans ce qu'il a de plus funeste, eu égard à la mise en valeur du capital et au libre développement de l'industrie.

« Quand une nation pousse trop loin l'amour du changement dans les modes, — a dit fort sagement J.-B. Say, — elle fait beaucoup de pertes qu'elle pourrait éviter. Il y a des dessins d'étoffes que personne n'ose plus porter quand la mode en est passée : dès lors on ne met plus à une étoffe, à un meuble, un prix suffisant pour indemniser le marchand de ses frais de production, il subit une perte. Si, pour se dédommager, il fait payer un autre produit qui a la vogue au delà des frais de production, c'est alors le consommateur qui supporte cette perte [1]. »

Le tyrannique empire de la mode, soit qu'on l'envisage au point de vue de son action morale sur la femme, ou seulement au point de vue de ses conséquences économiques, sera donc toujours un mal.

Si la femme, qui en est la première cause et

---

[1]. *Cours d'économie politique,* t. V, chap. XI.

en devient tôt ou tard la victime, se montre aussi accessible aux entraînements du luxe, la société n'en est-elle pas un peu coupable ?

Nos usages, en lui assurant une liberté à peu près égale à la nôtre, en lui donnant, sous la réserve de la protection que sa faiblesse réclame, les mêmes droits civils, paraissent cependant restreindre le cercle d'activité dans lequel il lui est permis de se mouvoir. Songeons au contraire que plus nous élargirons devant elle les voies honnêtes, plus nous donnerons des buts variés à son intelligence, et plus nous diminuerons les scandales de la fille perdue. La courtisane a généralement commencé par être honnête ; mais elle était pauvre, isolée, elle souffrait de son isolement, de sa misère, le vice la poursuivait de ses séductions; la société ne l'a pas secourue, et elle s'est laissée aller au vice, tournant contre la société une activité qu'elle aurait pu employer à la servir.

Parmi les carrières que les femmes devraient pouvoir aborder au même titre que les hommes, se présente d'abord celle des lettres. Cependant, quoique les femmes aient notablement contribué à la gloire littéraire de la France, nous nous montrons peu disposés à les encourager dans cette voie; — à moins qu'elles ne nous apparaissent portant sur leur front l'auréole divine du génie !

Molière n'a pas ménagé les *femmes savantes*, dont nous avons fait le *Bas-bleu*. Une femme qui prend bravement ses grades universitaires[1], plaide elle-même sa cause devant ses juges, ou discute les intérêts politiques et sociaux de son pays, semble sortie de sa voie. On est prêt à lui dire : — Madame, laissez cela aux hommes !

La femme, il est vrai, est faite pour la famille. Elle convient davantage à ses devoirs modestes qu'aux travaux littéraires ou aux occupations de la vie publique; la famille offre à son activité, à son intelligence, à son cœur un but qui doit lui suffire. Mais une femme peut se trouver sans

---

1. Trois femmes, Mlle Chenu, Mme Alexandrine Brès et Mlle Alexis se sont signalées récemment par la façon brillante dont elles ont subi, la première les épreuves de la licence ès-sciences, les deux autres celles du baccalauréat ès-lettres.

famille ou l'avoir perdue, elle peut être veuve sans enfant ; l'usage, en lui fermant l'accès de carrières dont nous paraissons nous réserver le privilége, la prive d'une ressource contre la pauvreté, contre l'ennui, et la livre sans défense aux tentations du luxe.

Pour la fille du peuple et celle de la classe moyenne, le péril est plus grand. Sans dot, une fille ne trouve pas à se marier. Le foyer domestique lui manquant, ses ressources étant insuffisantes, il ne lui reste guère que son aiguille ou la domesticité. Si elle est instruite, elle n'a d'autre avenir que l'humiliante perspective d'entrer comme institutrice dans une maison riche, ou sous-maîtresse dans un pensionnat.

On ne saurait trop applaudir à la récente initiative prise par le gouvernement et quelques particuliers dans le but d'ouvrir de nouvelles carrières à la classe si nombreuse des femmes ayant besoin d'une industrie pour vivre. L'administration des postes leur a fait une plus large part dans son service ; celle des télégraphes se prépare à les accueillir dans le sien : un cours pratique de télégraphie a été annexé à la maison impériale de Saint-Denis [1].

Un certain nombre de grands industriels confient aujourd'hui à des femmes les fonctions de caissières, de surveillantes dans des ateliers de femmes, et elles ont été reconnues plus exactes, plus fidèles et plus laborieuses que les hommes.

Ce sont généralement des femmes qui sont maintenant chargées, dans nos principales gares de chemins de fer, de la distribution des billets aux voyageurs. Sur quelques lignes, celle de l'Ouest notamment, on leur confie les postes de garde-barrières. Elles sont logées, payées, peuvent s'occuper de leur ménage, de leurs enfants; le mari travaille de son côté, ce qui double les ressources communes. Dans plusieurs imprimeries, on les emploie à la composition des caractères : travail peu fatigant et bien rétribué, lorsque l'ouvrière se montre appliquée et habile.

[1]. Depuis le jour où le gouvernement anglais a acheté des compagnies les lignes télégraphiques de la Grande-Bretagne, il a remis le service des stations à des femmes. On les nomme *female-clewks*. Le public et l'administration n'ont qu'à se louer de leur politesse, de leur intelligence et de leur exactitude.

On pourrait, parmi les industries qui demandent plus de goût que de force, leur trouver encore un certain nombre d'emplois proportionnés à leurs moyens.

N'est-il pas véritablement honteux de voir, chez une Nation où les vertus viriles devraient tenir le premier rang, les professions de coiffeur [1], parfumeur, confiseur, cuisinier, remplies par des hommes? Ne serait-il pas logique de réserver ces emplois aux femmes, au lieu de les exposer, en grande toilette, dans les restaurants, les cafés, et ces établissements aujourd'hui très-répandus où elles servent nuit et jour aux hommes du punch, du thé, des liqueurs ou du vin chaud? Pourquoi ne leur donne-t-on pas, dans nos grands magasins de nouveautés, la place de ces jeunes gens robustes [2], qui passent leur temps à mesurer du

---

[1]. On vient d'inaugurer à New-York un salon de coiffure dirigé par une femme ; le service de la barbe, de la frisure, de la coiffure pour hommes y est confié à des jeunes filles prises parmi les plus avenantes, les plus adroites et les plus sages de la classe ouvrière.

[2]. Dans la plupart de ces magasins on trouve quelques fem-

ruban, faire voir et couper des étoffes ; ou, avec des poses de Céladons, prennent mesure à nos femmes et leur essayent des châles ou des paletots ?

C'est encore une des conséquences du luxe que les emplois des femmes soient envahis par les hommes. Ceux-ci, en faisant des petites choses l'occupation principale de leur vie, se déshabituent des grandes, et finissent par perdre tout nerf, tout élan, toute puissance.

Vous connaissez comme moi de ces jeunes gens dont la vie se passe à s'occuper de modes comme des femmes, à discuter avec elles sur le choix d'une parure ou d'une robe. D'autant plus satisfaits de leur petite personne qu'elle a moins de valeur, ils emploient leur journée à friser ou cirer leur moustache, essayer des habits d'une coupe

---

mes mêlées à un grand nombre de commis. Cette communauté, qui les expose à des dangers de toute nature, me paraît plus fâcheuse peut-être que leur exclusion. Je voudrais les voir seules en possession d'emplois qui leur conviennent si bien.

nouvelle, promener dans les lieux publics un chapeau, des favoris, un gilet, un col, une cravate dont leur petit esprit a combiné durant des semaines l'arrangement nouveau. Ces orgueilleuses inutilités ont leur triste généalogie. Le *Mignon* a produit le *Raffiné*, le *Raffiné* le *Petit-maître*; puis sont venus le *Roué*, l'*Incroyable*, le *Fashionable*, le *Lion*, le *Gandin*, le *Cocodès*, auquel a succédé tout récemment le *Petit crevé*.

Jamais le langage n'avait encore traité avec une aussi méprisante énergie la jeunesse inutile et corrompue.

Si au moins cette leçon pouvait profiter!

Pauvres jeunes gens au visage blême, à la poitrine étroite, au cœur sec, persuadez-vous que les femmes dont vous vous faites tour à tour les détracteurs ou les émules vous méprisent. Tâchez du moins que la Patrie n'ait pas à rougir de vous!

L'empire de la mode, en détruisant la virilité des caractères, finit par porter atteinte à la vigueur du corps social.

« Platon en ses loix, — disait Montaigne, — n'estime peste au monde plus dommageable à la cité que de laisser prendre liberté à la jeunesse de changer en accoustremens d'une forme à une autre : remuant son jugement tantôt en cette assiette, tantôt en celle-là !... par où les mœurs se corrompent et les anciennes institutions viennent à desdain et à mespris[1]. »

Un peuple adonné à tous les caprices de la mode devient inconstant et léger. Son opinion varie comme l'aquilon sur les mers houleuses. Son attention se fatigue aussi vite que celle d'un écolier : on dirait qu'ayant franchi d'un seul bond l'âge viril et l'âge mûr, il est retombé en enfance ! Aux hommes qui le servent ou l'éclairent, on le voit préférer les hommes qui l'amusent, et tandis qu'il accable de couronnes triomphales un histrion fameux, il oublie, ou paye d'une noire ingratitude d'éclatants services.

Dans la possession des choses un semblable peuple ne goûte plus que le court plaisir de

---

1. *Essais*, liv. I, chap. xliii.

la nouveauté. Il se lasse du beau lui-même.

Les lois et les institutions ne sont pas davantage à l'abri de son inconstante humeur; l'expérience du passé est impuissante à les défendre de ses attaques, — attaques assez vives pour influencer le pouvoir; croyant satisfaire l'opinion, il finit par proposer aux lois existantes des changements que le temps et l'expérience n'ont pas toujours ratifiés.

Tels sont, dans ses dernières conséquences, les dangers moraux, sociaux et économiques auxquels donne lieu l'empire immodéré de la mode.

Il pervertit le goût, amoindrit les caractères, et devient funeste à la grandeur des Empires.

XI.

Le luxe stimule l'agiotage. — Entraînements de la spéculation. — Portrait de l'agioteur. — Les Banques du Mississipi. — La Bourse. — Les gros poissons faits pour manger les petits. — Les carrières de l'intelligence délaissées pour celle de l'argent. — La richesse, prix de l'habileté. — Scandale des fortunes rapides. — Un enrichi au temps de Law. — Entraînement général. — Les spéculations lointaines. — Leur immoralité. — Les *déclassés* estimables et les *déclassés* dangereux. — Deux lettres de l'Empereur.

Le luxe, pour se soutenir, a sans cesse besoin de ressources nouvelles. Il ne va pas les demander au travail, parce que le travail effraye sa mollesse; mais aux manœuvres qui peuvent procurer la richesse sans le travail, et en premier lieu à l'agiotage.

Le jeu sur les valeurs est une invention du luxe. Le jour où l'homme, après s'être créé des besoins factices, n'a plus trouvé suffisant le revenu de sa maison, de sa terre, ou le produit de son industrie, il a eu recours au crédit.

Dans les États adonnés au luxe, la Bourse attire plus que le Forum; les passions du jeu et du luxe s'y déchaînent à la fois, la vie s'y concentre, les hommes s'y usent plus promptement et plus sûrement que sur les champs de bataille.

A Rome les Publicains possédaient, dans un des quartiers populeux, une basilique où la foule accourait et où ils se livraient à un jeu effréné sur les approvisionnements des villes, les fournitures des armées, les prêts aux Provinces. En France, au temps du Régent, le luxe inventa la Banque du Mississipi; et la rue Quincampoix devint plus fameuse par ses sinistres que par le succès de quelques spéculateurs heureux.

Combien de fois n'avons-nous pas vu reparaître les banques du Mississipi avec leur cortége de fripons et de dupes!

L'attrait qu'offre le gain sans la peine est tel,

que les plus sages deviennent volontairement aveugles[1].

Aujourd'hui, comme au temps de Law, une entreprise, quelle que soit l'immoralité des agents qui la conduisent ou l'inanité du gage, sera toujours assurée de trouver des actionnaires, — à condition qu'elle promettra de gros dividendes.

L'entraînement est général[2].

C'est une chose particulièrement mauvaise qu'une nation mobile et ardente comme nous sommes tourne toute son activité du côté de la spéculation. Elle y apporte la passion qu'elle

---

1. ... L'appât des profits énormes et soudains,
— C'en est peut-être là l'effet le plus funeste,
Nous dégoûte à jamais d'un gain lent et modeste.

La Bourse, acte I, scène IV.

2. « Tant que l'agiotage est resté dans les classes supérieures de la société, — disait le 22 mars 1825 devant la chambre des députés M. Hyde de Neuville, — il n'a produit que le scandale ; mais malheureusement on ne peut disconvenir qu'il a cours aujourd'hui parmi le peuple. Les hommes de l'antichambre ont entendu si souvent répéter dans les salons les mots de *hausse*, de *baisse*, de *reports*, de *bénéfices*, que le jeu de bourse se retrouve jusque dans la loge du modeste portier. »

Moniteur du 25 mars 1825.

mettrait à l'accomplissement des grandes choses; elle s'y livre follement et néglige tout le reste.

L'Anglais, calculateur par nature, plus froid que nous, plus méfiant, ayant moins de passion que de bon sens, peut aborder sans péril les régions brûlantes de la spéculation. S'il s'est trompé, il sait se retirer à temps. — D'Aguesseau disait de nous au siècle dernier : — « Le Français n'a pas changé de caractère depuis le temps de Jules César, et l'on peut assurer que, sans un miracle, il n'en changera jamais. Léger jusqu'à l'excès, et extrême en tout, il passe, sans milieu, de l'excès de la confiance à l'excès de la défiance. Il n'y a point de pays où l'on puisse hasarder plus aisément des entreprises qui ne roulent que sur l'opinion; il n'y en a point où de pareilles entreprises soient moins durables, et la mesure de leur succès devient sûrement celle de leur disgrâce[1]. »

---

1. *Mémoire sur le commerce des actions.* — OEuvres complètes, édit. de 1819, t. XIII, p. 623 et 624.

Le portrait n'est pas flatté, mais il est ressemblant.

C'est généralement à la Bourse française que viennent se produire les valeurs repoussées des autres marchés. Nos qualités généreuses se tournent ici encore contre nous; et, tout bien considéré, on peut affirmer que la spéculation ne sera jamais en France le moyen le meilleur d'enrichir soit l'État, soit les particuliers.

En admettant que cette carrière de l'agiotage dans laquelle tant d'hommes se précipitent aujourd'hui fût sans revers, qu'il n'y eût que des spéculateurs heureux, je n'en déplorerais pas moins un entraînement qui tendrait à faire de la France une nation d'agents de change, de capitalistes et de banquiers. Nous avons une autre renommée dans le monde! Ce serait incontestablement déchoir de n'être plus qu'un peuple riche, faisant passer les intérêts de sa grandeur après celui des affaires, trouvant, en grand nombre, comme Carthage, des bras pour aller fonder des comptoirs sur tous les continents, mais n'en trouvant plus pour se défendre!

L'agiotage a ceci d'immoral, que le gain des uns se fonde sur la perte des autres.

Il déplace la richesse, la fait passer de main en main avec une rapidité qui l'empêche d'être féconde : il ne la crée point, pas plus qu'il ne donne naissance au crédit. Il substitue aux valeurs certaines, mais d'un faible rapport, des valeurs de convention, met les apparences à la place de la réalité, et s'empare de la confiance publique, dont il ne tarde pas à disposer à sa guise.

Suivant son intérêt, il la rassure ou l'inquiète; même il a soin, — pour se ménager des coups imprévus, — de la tenir le plus longtemps possible incertaine; et toute la prévoyance du gouvernement, ses déclarations répétées, sa conduite à la fois loyale, ferme et sage, viendront toujours échouer devant l'entente de quelques gros joueurs maîtres du cours. D'Aguesseau, — cet éloquent censeur des excès du luxe, — nous a laissé de l'agioteur cette peinture qui n'a pas vieilli.

« Répandre de mauvais bruits, des impressions fausses, des craintes ou des espérances imaginaires... c'est en cela que consiste le plus souvent le grand art de l'agioteur. Il travaille sur l'imagination des hommes en abusant de leur légèreté ou de leur crédulité ; il sait leur inspirer, par artifice et aux dépens de la vérité, ou une défiance injuste, s'il veut acheter, ou une confiance aveugle, s'il veut vendre[1]. »

C'est encore ce que nous voyons se passer sous nos yeux à la Bourse.

Puisque notre temps est possédé de l'innocente manie des *Aquariums*, — je souhaite qu'elle ne nous ramène pas aux dispendieuses piscines des anciens ! — on me permettra d'employer, pour définir la Bourse, une image empruntée aux mœurs des poissons.

Les gros mangent les petits ! Ce n'est pas en vain que la nature a mis en présence la race vorace des baleines, des requins, des brochets et la foule innombrable des poissons sans défense !

Pour tout spéculateur la question se pose en ces termes très-simples : — Êtes-vous carpe ou

---

1. *Mémoire sur le commerce des actions.*

êtes-vous brochet? Si vous êtes brochet, lancez-vous sans crainte dans ces eaux houleuses; quoi qu'il arrive, vous réussirez. Vous pourrez traverser de mauvais jours, jeûner quelque temps; mais votre estomac ne subira aucun dommage, et votre fortune n'en sera pas moins assurée.

Si au contraire vous êtes carpe, quoi que vous fassiez, malgré votre habileté, votre finesse, votre souplesse, quelque chance que vous ayez, vous finirez toujours par être dévoré. Vous pourrez prospérer quelque temps, engraisser dans l'ombre, échapper à l'œil glauque des poissons carnassiers; quelqu'un d'eux vous ayant découvert pourra, par raffinement de gloutonnerie, vous laisser vous développer encore, ne trouvant pas la proie assez à point. Mais le jour où il aura faim, ou seulement par caprice, il lui suffira d'ouvrir sa gueule profonde pour anéantir d'un seul coup votre éphémère prospérité.

Ceci veut dire qu'à la Bourse, quelles que soient les apparences, les gains sont toujours d'un côté et les pertes de l'autre.

La fortune s'y montre moins changeante qu'on ne le pense généralement ; les manœuvres de l'agiotage se chargent du soin de la fixer[1].

Toutefois les plus habiles peuvent devenir à leur tour victimes de son inconstance.

Je relève dans un intéressant et consciencieux ouvrage écrit en 1825 [2], — combien le mal s'est étendu depuis ! — ce fait que sur cent vingt et un individus ayant alors figuré au tableau des agents de change depuis vingt-deux ans, quatre s'étaient suicidés de désespoir de n'avoir pu remplir leurs engagements, soixante et un

---

[1]. Ponsard a tracé de la Bourse cette saisissante peinture :

> Les joueurs y sont partagés en deux corps :
> Les faibles dans un camp, et dans l'autre les forts ;
> Grâce aux gros bataillons qu'ils tirent de leur caisse,
> Ceux-ci font à leur choix ou la hausse ou la baisse,
> Si bien que l'un des camps étant maître du cours,
> Toujours gagne pendant que l'autre perd toujours.
> A ce duel inégal joins l'œuvre des habiles :
> Les uns ont su d'abord les nouvelles utiles ;
> Les autres, inventant et semant de faux bruits,
> De la frayeur publique ont récolté les fruits ;
> D'autres, par les appâts d'un dividende énorme,
> Haussent les actions d'une entreprise informe,
> Puis les laissent, aux yeux d'acquéreurs stupéfaits,
> Retomber à zéro dès qu'ils s'en sont défaits.
>
> *La Bourse*, acte I, scène IV.

[2]. Coffinières, *Spéculations sur les effets publics*.

avaient failli en faisant éprouver une perte considérable à leurs clients.

Les conséquences morales de l'agiotage sont faciles à saisir.

Il accroît outre mesure l'empire de l'argent, et affermit les conquêtes du matérialisme. Il détourne l'activité et l'intelligence de leur voie pour les jeter à la recherche ardente de la richesse. Les succès auxquels peuvent conduire les carrières ordinaires semblent ternes auprès des promesses dorées de la spéculation! L'entraînement auquel elle donne lieu dans toutes les classes et à tous les âges fait qu'un jeune homme intelligent et instruit, destiné par sa famille, la nature de ses études, sa vocation, aux carrières libérales ou au service de l'État, montre aujourd'hui moins de ténacité au travail et de fixité dans ses vues. Il se rebute plus aisément des obstacles que tout homme rencontre à son début. Au premier échec, on le voit abandonner sans retour la carrière de l'intelligence pour se jeter en aveugle dans celle de l'argent.

Je connais bon nombre de banquiers, d'agents de change fort médiocres qui, s'ils eussent suivi la voie que leur traçaient leurs aptitudes, et s'ils n'eussent pas démenti les promesses de leur début, occuperaient dans les lettres, les carrières du droit ou de l'administration, dans l'armée ou la magistrature, un rang distingué.

L'action pernicieuse de l'agiotage s'étend hor du cercle des spéculations de bourse. Il se mêle à toutes les entreprises ; les plus modestes comme les plus vastes et les plus utiles ne peuvent entièrement s'en garantir. D'un autre côté il arrive qu'à force d'entendre parler de grandes fortunes aisément et rapidement amassées, les petits propriétaires, jusqu'alors satisfaits de leur revenu, prennent leur position en dégoût, et se trouvent misérables auprès de ces capitalistes dont ils envient la prospérité.

Sans se souvenir de la fable de la grenouille prétendant s'égaler au bœuf, ils veulent augmenter leurs ressources, deviennent exigeants envers leurs locataires ou leurs fermiers qui, ne pouvant les satisfaire, quittent leur maison ou leur ferme. Ils placent et déplacent leur capital, et le diminuent en prétendant l'augmenter ; — si toutefois ils ne le perdent entièrement.

Mais où l'agiotage est surtout funeste, c'est lorsqu'il crée ou entretient ces fortunes scandaleuses [1] dont les possesseurs s'adonnent sans frein aux dépravations du vice et aux prodigalités du luxe.

En 1720 Duhautchamp traçait ce portrait d'un nouveau riche, peintre de ses amis, qui avait fait fortune en un jour à la rue Quincampoix. « ... Il porta si loin la magnificence, que la plupart des faits qu'on en raconte paraissent fabuleux. Certain joaillier assure lui avoir fourni pour plus de trois millions de pierreries, non compris le beau diamant du comte de Nocé qu'il paya cinq cent mille livres, et une boucle de ceinture qu'un juif

---

1. « On vit surgir des fortunes inespérées, incroyables même à ceux qui les avaient faites. Dieu ne tire pas plus rapidement les hommes du néant. »

Montesquieu, *Lettres persanes.*

lui vendit pour la même somme.... Peu content de quatre mille marcs de vaisselle d'argent et de vermeil qu'il avait fait faire d'abord, il trouva le secret d'enlever de chez l'orfévre celle qu'on y achevait pour le roi de Portugal. Toute sa batterie de cuisine n'était que d'argent, sans en excepter les pots de chambre.... Il n'avait pas moins de quatre-vingts chevaux dans ses écuries. Le nombre de ses domestiques était de près de quatre-vingt-dix, parmi lesquels il faut comprendre intendant, secrétaire, maître d'hôtel, chirurgien, valet de chambre, tapissiers, quatre demoiselles en qualité de femmes de chambre, et, pour ses écuyers, quatre laquais d'une naissance bien au-dessus de celle du maître. Même quand il allait manger hors de chez lui, il faisait servir sa table aussi somptueusement que s'il eût été présent. Il y fut servi de nouveaux pois qui avaient coûté cent pistoles le litron..... Quand quelqu'un, étonné de voir un beau melon en hiver, s'avisait d'y toucher, il en jaillissait sur-le-champ plusieurs petites fontaines de différentes sortes de liqueurs spiritueuses qui charmaient l'odorat, pendant le temps que le maître du logis, appuyant le pied sur un ressort imperceptible, faisait faire à une figure artificielle le tour de la table pour y verser du nectar aux dames, devant qui il la faisait arrêter. »

La majorité des lecteurs se récriera au récit de ces extravagances; ceux qui ont pu être témoins du luxe intérieur déployé par quelques enrichis de ce temps conviendront que nous ne sommes pas très-loin d'en être revenus à cet excès de raffinement.

Les voies ouvertes à l'activité humaine étant plus nombreuses et variées qu'autrefois, la société devrait se montrer moins indulgente pour ceux qui emploient mal leur temps et gaspillent follement leur fortune. Mais pendant que la masse du public blâme ces mauvais riches, beaucoup s'efforcent de les imiter.

Partout où l'agioteur espère réaliser un bénéfice, il accourt avec son capital. Aux spéculations qui pourraient accroître la richesse du sol, ou faire fructifier quelque branche négligée de l'industrie nationale, il préfère les lointaines et hasardeuses entreprises. A distance il est plus sûrement le maître du capital, et il lui est plus facile de se faire la part du lion.

Peu importe la moralité de l'affaire.

Il prête à la fois aux peuples qui s'arment contre leurs Princes et aux Princes qui oppriment leurs peuples. Il ne lui répugnera même pas, — si le bénéfice est important et l'impunité assurée, — de faire passer à l'étranger de l'argent ou des armes que l'étranger tournera contre nous.

Un de nos auteurs dramatiques contemporains a mis dans la bouche de l'un de ses personnages cette définition brutale de la spéculation : — « Les affaires, c'est bien simple, c'est l'argent des autres [1] ! »

Dans les affaires, la ruse supplée trop souvent à la loyauté ; ce qui fait qu'un peuple de lions peut devenir à la longue une troupe de renards.

L'agiotage aggrave dans ce qu'elle a de con-

---

[1]. A. Dumas fils, *la Question d'argent,* acte II, scène VIII.

traire aux lois de l'équilibre social, *la maladie du déclassement.*

L'homme qui, parti de bas, s'élève par son travail, son courage, son industrie, sa persévérance ou son talent, est ici hors de cause : rien n'est plus noble que son succès. De tels déclassements font la force d'un peuple, ils le conservent jeune en le renouvelant; on a eu raison de nommer glorieuse la révolution qui a fait tomber les derniers obstacles entre les capacités et le pouvoir.

L'homme enrichi par le travail et l'épargne arrive peu à peu et par étapes à sa situation nouvelle; il a eu le temps de s'y faire, d'en prendre les mœurs, le ton, le langage; aussi n'y paraîtra-t-il pas déplacé : ce sera un parvenu, non un déclassé.

Mais celui qui aura demandé la fortune à l'agiotage et se sera enrichi par quelque coup d'audace deviendra, — dans la classe où le transporte sa soudaine fortune, — un déclassé dangereux. Infailliblement son succès lui tournera la tête.

Imaginez un nageur passant des eaux brûlantes du Gange dans les glaces du Dnieper;

le tempérament le plus solide n'y résisterait pas !

Il prodigue sa richesse uniquement afin de se convaincre qu'il est riche.

Le succès de l'agioteur ne peut être qu'une source de scandales ; mais quels dangers sociaux ne présentera pas son désastre !

Les déclassements qui élèvent sont moins communs que ceux qui abaissent. Lorsqu'un homme est tombé, la société le perd de vue ; dans les batailles on ne connaît jamais exactement le chiffre des morts ! Mais l'agioteur malheureux ne se détache point si facilement de la société qui l'oublie. Il la prend en haine, l'accuse de sa ruine ; et, à force de se le dire, finit par être convaincu qu'elle y a contribué. Il n'a, pour se consoler de sa chute, ni le repos de la conscience, ni les témoignages de l'estime publique, — ces précieux dédommagements de l'honnête homme. Il ne lui reste que son ambition, d'autant plus ardente qu'elle n'est pas satisfaite, et il met son intelligence aigrie et sa vanité remuante au service de toutes les passions mauvaises. Tribun sans conviction, conspirateur obscur, intéressé au renversement des choses, ayant tout à gagner au désordre et rien à perdre, il tourne ses forces contre la société innocente de sa ruine; et, — machine de guerre redoutable, — se met à battre en brèche ses solides appuis : la loi et l'autorité.

Les partis se servent de tels hommes, les prenant, tour à tour, pour éclaireurs ou pour drapeaux. Il est dans la destinée des partis que leurs principales recrues se fassent parmi les mécontents victimes de leur ambition, ou les déclassés victimes peu intéressantes du luxe [1].

Si telles sont les conséquences sociales de l'agiotage, de quel intérêt n'est-il pas d'en arrêter les progrès! Aussi les gouvernements sages, vraiment soucieux de la grandeur de la Nation et

---

1. « A tous les malheurs auxquels peut donner lieu l'excès du luxe, ajoutez la multitude des mécontents que le luxe a ruinés, et qui, pour réparer le désastre de leur fortune, n'ont de ressource que dans le changement de la constitution et du gouvernement. »

Traité philosophique et politique sur le luxe, par Pluquet, t. II, p. 255.

préoccupés de leur propre sécurité, ont tous condamné ce dangereux entraînement.

Le 15 mars 1856, après la première représentation de *la Bourse*, Napoléon III écrivait au poëte illustre dont les lettres pleurent encore la perte [1] : « J'ai été vraiment heureux de vous entendre flétrir de toute l'autorité de votre talent, et combattre par l'inspiration des sentiments les plus nobles, le *funeste entraînement du jour*. »

A une année d'intervalle, l'Empereur adressait ces paroles à un magistrat [2], qui avait entrepris de flétrir à son tour les manœuvres de l'agiotage : — « J'accepte l'hommage de votre livre, d'autant plus volontiers qu'il est l'œuvre d'un magistrat. Quand un mal sérieux gagne la société, le concours des organes de la justice pour le constater et en rechercher le remède est du meilleur exemple. »

Ce ne sont ni les avertissements du Prince, ni

---

1. Ponsard.

2. M. Oscar de Vallée, alors Avocat général, aujourd'hui Conseiller d'État.

son blâme, ni son exemple, qui parviendront à guérir le mal. L'agiotage est le pourvoyeur du luxe ; pour l'atteindre, c'est au luxe qu'il faut s'attaquer.

XII.

Le jeu. — *Pensez à nous.* — Ses ravages dans les familles. — Le jeu s'est compliqué du Cercle. — Tous deux également hostiles à la femme. — Mœurs des joueurs. — Défiances justifiées. — Les courses et les paris. — *Agences des poules.* — Maisons de jeu clandestines. — Un laisser aller général. — Le cercle tue la société. — Pertes considérables au jeu. — Augmentation des dations de conseils judiciaires. — Les suicides plus nombreux. — La Morgue trop étroite. — Deux sauveteurs à l'œuvre. — Conséquences sociales du dégoût de la vie. — Les peuples heureux.

Le jeu, autre fruit du luxe, a reparu parmi nous en même temps que l'agiotage.

Le jeu et l'agiotage se ressemblent en plus d'un point; notamment en ceci, qu'à chances égales on voit toujours le plus habile l'emporter sur le plus honnête.

Ils troublent également la paix des familles, la sécurité de l'État, et impriment aux fortunes des particuliers des oscillations funestes, soit qu'ils détruisent ou qu'ils édifient.

La famille a plus d'une fois protesté contre la passion envahissante du jeu; quant à la société, elle n'a pas encore sérieusement tenté de se défendre.

Sous Louis XV, au temps d'un luxe et d'un jeu excessifs[1], une grande dame que la contagion n'avait pas atteinte, déjà à peu près ruinée par le jeu de son mari, eut la pensée de lui broder une bourse sur laquelle elle fit mettre son portrait et celui de ses enfants, avec ces seuls mots :

« Pensez à nous! »

La leçon profita, et le joueur fut corrigé.

Le jeu s'est compliqué du cercle. Le Cercle est

---

1. « Les commencements du règne de Louis XV furent marqués par une maladie épidémique qui réveilla la cupidité dans toutes les conditions, c'était un jeu nouveau et prodigieux où tous les citoyens pariaient les uns contre les autres; la cupidité tournait toutes les têtes. »

Voltaire, *Siècle de Louis XIV.*

son forum ; il y règne en despote sur un peuple agité et inquiet.

Lorsque je vois s'élever, de toute part, dans Paris ces établissements somptueux où on peut prendre ses repas, se vêtir, se faire accommoder, coucher, passer en un mot ses journées et ses nuits, je suppute tristement combien chacun de ces Cercles a rendu de foyers déserts ; enlevant aux femmes leur mari, aux mères leur fils, aux enfants leur père !

Les réunions d'hommes, lorsqu'elles ne se fondent ni sur les besoins de l'esprit, ni sur un véritable intérêt commercial ou social, sont des sociétés contre nature. L'homme est fait pour vivre dans le commerce des femmes, c'est d'elles qu'il apprend l'art d'être aimable. Les peuples policés furent toujours ceux qui recherchèrent davantage leur intimité.

Le cercle avec le jeu, — son attrait irrésistible, — l'emporte sur la femme. Celle-ci, délaissée par les hommes, ne sentant plus naître en elle ce désir de plaire qui la rend gracieuse, prévenante, aimable, néglige les soins de son intérieur, s'ennuie au logis, passe son temps à lire de mauvais livres, à s'occuper de toilette ou à nouer, — uniquement pour se distraire, — quelque intrigue galante.

Les hommes, de leur côté, prennent des habitudes de sans gêne qui se manifestent dans leur tenue, leur langage, et finissent par leur rendre insupportable la plus légère contrainte. Ils fuient avec un égal effroi la société des femmes, les réunions du monde, les occupations intellectuelles. Dès qu'ils ne sont plus absorbés par le jeu, ils recourent au tabac, — autre manière de s'abrutir.

La courtisane, qui n'exige ni égards, ni contrainte, profite de l'abandon de l'honnête femme et substitue son influence à la sienne.

Le cercle commence donc par être l'ennemi du bon ton et de la sociabilité. Mais c'est par le jeu qu'il cause le plus de mal.

Il s'y livre, nuit et jour, des batailles silencieuses. Les vainqueurs savent dissimuler la joie du triomphe, les vaincus l'amertume de la défaite; de telle sorte que l'on voit un joueur sortir de son cercle pour aller se brûler la cervelle, avec le visage calme d'un bourgeois qui, après une veille prolongée, regagnerait tranquillement son logis.

Le jeu y est organisé avec méthode. Il a sa jurisprudence d'honneur, ses usages et ses lois; il fonctionne avec la régularité d'une institution. On ne joue jamais argent sur table, — l'importance des enjeux s'y oppose; — mais, afin de simplifier les comptes, on emploie des jetons dont la valeur varie entre 100 francs et 10,000 francs. Les jetons de 10,000 francs ne sont pas les moins demandés. Avant de commencer, les joueurs signent un bon de 100, 200 ou 1,000 louis, dont la valeur est remise en jetons qu'ils peuvent renouveler pendant toute la soirée. A la fin de la partie, le gagnant passe à la caisse où il échange ses jetons contre des espèces. Le perdant a quinze jours pour rembourser les bons qu'il a souscrits [1].

---

[1]. Il paraîtrait que les joueurs ne résistent pas toujours à la tentation d'abuser des facilités qu'on leur offre. Je lisais récemment dans un journal : — « Au cercle de..., il y a en ce moment

Le caissier est un comptable entre les mains duquel passent des sommes importantes. Son industrie consiste à profiter de l'embarras des uns, de l'obstination des autres, de la folie de tous. Il prête à 50 pour 100, ou prend un intérêt dans les parties engagées, et ne tarde jamais à s'enrichir. Un cercle très-connu ayant cru devoir, à la suite de divers scandales, renvoyer son caissier, tous les cercles de Paris se disputèrent l'avantage de posséder un si précieux auxiliaire.

Chaque jour, on entend parler de sommes considérables perdues au cercle. Il n'est pas rare qu'une soirée se solde par des différences de 500,000 francs !

Il y a quelques mois, on s'entretenait à Paris d'une partie qui, après avoir duré toute une nuit, se termina par une perte de quatre cent quatre-vingt-treize mille francs ! La même semaine, un homme appartenant au meilleur monde, mari

collé contre l'une des glaces de la salle de jeu un bon de 50 louis, dont la signature est indéchiffrable et n'a pu être attribuée par la caisse à aucun des membres. Le soir où le bon a été souscrit, neuf joueurs ont pris place à la table de baccarat. »

d'une femme charmante, père de deux ravissants enfants, perdait un million; et sa femme, jalouse de l'honneur de son nom, acquittait noblement sa dette avec sa fortune personnelle, passant, sans transition, de l'opulence à la gêne [1].

Les tentations du jeu sont si fortes, les convoitises qu'il éveille si ardentes, que les joueurs en sont venus à se défier les uns des autres, et à prendre entre eux des précautions qui eussent révolté la loyauté de nos pères. L'instant où il

---

[1]. La presse s'est montrée unanime à déplorer ces scandales : — « Il n'est bruit en ce moment que des parties énormes qui se jouent dans certains cercles... L'autre jour, comme on demandait à M. de X... — un fervent! — ce qu'il avait fait dans la nuit. — Oh!... presque rien, répondit-il; j'ai joué *comme un pied*... je n'ai gagné que 250,000 francs... La *partie* se fait partout au baccarat; le whist est abandonné aux petits joueurs, parce que le maximum des différences n'y est que de 20,000 fr. On s'entretenait hier, dans la salle des conférences au Corps législatif, des parties ruineuses qui se continuent dans deux ou trois cercles... Ces anecdotes ont suggéré parmi les députés des réflexions très-amères. Pour des législateurs il n'est pas de question indifférente; et la passion du jeu, qui dévore la génération actuelle, est bien de celles qui peuvent leur inspirer des méditations profondes. »

La France, — *le Constitutionnel*, — *la Patrie*, — *le Pays*, — *la Gazette de France*, de Février et Mars 1868.

est permis de s'asseoir, celui où l'on peut commencer la partie, la façon dont on doit ouvrir les jeux, relever les cartes, les tenir, les distribuer, retourner l'atout, sont minutieusement arrêtés.

A chaque partie on change les cartes afin d'empêcher les signes de convention. Les manches d'habit trop larges, les manchettes tombant bas sur le poignet, ne manquent jamais d'éveiller les soupçons. Malgré ces attentions d'une défiance toujours en éveil [1], et le soin qu'apportent les cercles à se recruter, il arrive que des jeunes gens appartenant aux meilleures familles y sont surpris trichant au jeu [2].

---

1. J'entendis un soir, dans un cercle, un joueur se refuser à tenir une banque de baccarat parce qu'il n'avait pas à ses côtés l'ami auquel il s'en remettait seul du soin de surveiller les tableaux des ponteurs, afin que ceux-ci ne fussent pas tentés d'augmenter leur mise en cas de gain, ou de la diminuer en cas de perte.

2. Cet état de choses a déjà, à plusieurs reprises, éveillé l'attention du gouvernement. Lors de l'arrivée de M. Piétri à la préfecture de police, plusieurs journaux annoncèrent que le nouveau préfet manifestait l'intention d'exercer sur les cercles une plus active surveillance : — « Il paraît qu'avec l'avénement de M. Piétri va commencer la petite guerre contre les cercles. Le nouveau préfet de police veut, dit-on, interdire l'usage des fétiches sur les tables de jeux. Tout le monde sait qu'à un moment

A côté des cercles où l'on joue ouvertement, il y a les maisons de jeu clandestines dont Paris voit chaque jour accroître le nombre : ici la question se complique de l'escroquerie. Quels que soient la vigilance de la police et le zèle de ses Magistrats, ces honteux tripots, tenus par des femmes galantes habiles à y attirer d'innocentes victimes, échappent la plupart du temps à la répression.

Quand la passion du jeu s'empare d'un peuple, tout lui devient prétexte pour la satisfaire.

Le grand attrait des courses repose uniquement sur l'importance des paris.

Ils sont d'un usage si répandu, que l'on vient d'ouvrir sur les boulevards des agences spéciales, bien faites pour entretenir cette passion, — et surtout l'exploiter[1].

---

donné, dans les parties de nuit, l'or et l'argent disparaissent, — on ignore où ils passent, — pour faire place à des boutons de culotte, des cure-dents, des bouchons de carafe, etc., dont la métamorphose en espèces s'opère bien rarement. »

1. L'opinion publique n'a pas été sans s'émouvoir de cette innovation : — « La question des *agences des poules* est sérieusement agitée aujourd'hui, non pas officiellement encore,

A voir le développement excessif qu'ont pris les séjours au bord de la mer ou dans les villes d'eaux, on pourrait croire que, depuis quelques années, les tempéraments se sont singulièrement affaiblis et que la santé publique a notablement décliné. Nous allons toujours, il est vrai, en perdant de la vigueur de nos pères; mais les progrès de notre dégénération sont moins rapides, — ils se mesurent par siècles, non par années. Si on parcourt les prospectus des nouvelles stations d'eaux, on ne tarde pas à avoir le secret de cette tendance de la vie moderne. Tous annoncent l'ouverture d'un *Casino,* c'est-à-dire d'un établissement où l'on joue : le jeu garantit leur succès.

mais par le monde privé qui s'occupe des courses. N'ayant le pouvoir ni de les réglementer ni de les supprimer, les hauts cercles vont s'entendre pour les réduire par la concurrence... Pourvu que ces agences n'aillent pas quand même faire fortune! »

Voir les principaux journaux de Novembre.

Pendant que je corrigeais les épreuves de ce livre, il m'est tombé sous la main une caricature de Cham représentant des rois de cartes, — les rois de pique, de cœur, de trèfle et de carreau, — courant au lieu de jockeys, avec cette légende :

« *Du moment où le jeu est le seul mobile des courses, pourquoi ne pas modifier leur costume?* »

C'est une nouvelle arène ouverte aux joueurs de profession, aux grecs, aux escrocs de tous pays, qui peuvent venir exploiter sur place l'inexpérience des joueurs novices.

Les nations d'où les jeux de hasard sont exclus ont leurs frontières garnies de maisons de jeu. Je nommerai, sur les nôtres, Hombourg, Francfort, Bade, Spa! Depuis que nous possédons Nice, la maison de jeu de Monaco s'est agrandie, et on parle d'établir une roulette sur le territoire neutre de la république de Saint-Marin.

Cette passion, qui ronge de nouveau les hautes classes, a envahi les rangs les plus humbles de la société.

On reconnaît les ravages qu'elle exerce au sein des familles à cette circonstance que, dans un espace de douze ans, les dations de conseil judiciaire, — ce remède suprême, mais presque toujours inefficace aux dissipations d'un prodigue, — se sont élevées du chiffre de 275 à celui de 1,523.

Les suicides ayant pour cause des pertes de jeu, des paris, des spéculations malheureuses à la Bourse, — ce qui est bien à peu près la même chose, — se sont accrus dans une proportion égale. En 1854, on en comptait seulement 429. Le bilan de l'année 1866 est de 5,119.

Le chroniqueur d'un journal sérieux[1] s'écriait récemment : — « Les suicides abondent, on ne les compte plus ! »

Il y en a eu jusqu'à 473 dans un seul mois ! L'été dernier, on en relevait, à Paris, dix-huit le même jour ; presque tous avaient pour cause des pertes au jeu, ou des revers de fortune provoqués par l'agiotage.

Les cadavres apportés à la Morgue sont aussi plus nombreux. Sur 733 enregistrés en 1866, il a été possible d'établir l'identité de 445 individus : 341 s'étaient suicidés !

Je connais un brave homme qui a retiré de la Seine, au péril de sa vie, dans un espace de temps relativement court, une quarantaine de personnes qui s'y étaient jetées volontairement. Éclusier-chef de la Monnaie, il se tenait en obser-

---

1. Le journal *la France*.

vation sur le quai; entendait-il le bruit sourd que fait la chute d'un corps dans l'eau, il se jetait à la nage. Il m'a assuré avoir retiré une fois de la Seine trois personnes dans la même nuit[1].

Pour l'homme perverti par l'ambition de la richesse, ou flétri par sa possession, ou désespéré de sa perte, le but moral de la vie disparaît. Il n'y voit plus un devoir, une épreuve nécessaire, un dépôt dont il n'est pas le maître, il la regarde seulement comme un moyen de jouir. Que sa fortune l'abandonne, que sa fragile machine, usée par l'abus, se refuse à ses exigences, et aussitôt il se détruit.

Le dégoût de la vie peut en arriver à rendre

---

1. La tâche du courageux Simon Faivre a fini par devenir assez pénible pour le décider à prendre sa retraite. Il est aujourd'hui chef des gardes du Tribunal de commerce; mais sa demeure n'est point assez éloignée de la Seine pour qu'il ne s'y jette de temps à autre au secours d'un noyé. Sur sa poitrine se voient la croix de la Légion d'honneur et de nombreuses médailles de sauvetage; il a obtenu le grand prix Monthyon. La plus douce récompense de Faivre c'est son fils, lequel suit les traces de son père et a déjà, quoique à peine âgé de vingt ans, sauvé la vie à neuf personnes. De tels dévouements sont au-dessus de l'éloge.

le suicide une action simple, naturelle et répandue; en faire un dénoûment à la mode, — comme dans les mélodrames.

On voit alors de riches Patriciens convier leurs amis à un repas somptueux, et s'ouvrir les quatre veines dans un bain, tout en continuant de deviser avec leurs convives. Il y a loin de là au généreux sacrifice de sa vie à ses semblables, à son pays, à toutes les nobles causes! Ce n'est pas ainsi que Socrate, Régulus, Curtius, Caton d'Utique, entendaient le mépris de la mort!

Lorsqu'un peuple en est descendu à cette extrémité, sa destruction est proche.

Il n'y a pas de signe plus certain de la prospérité et de la force d'un Empire que l'attachement des citoyens à la vie. Il témoigne de leur foi dans l'avenir, se fonde sur leur bien-être et la possession de lois sages.

La pratique d'une vie modeste, l'intime contentement que procure une conscience droite, le maintien d'un juste équilibre entre les facultés, contribuent aussi à l'entretenir.

D'ailleurs cet attachement à la vie est une source de santé, de force, d'activité, de persévérance; il rend le cœur compatissant, la main généreuse, et fait la tâche facile aux gouvernants.

Ce ne sont jamais les peuples heureux qui se soulèvent!

Le bonheur est un lien social.

Au contraire, les soucis qu'enfantent les besoins sans cesse renaissants du luxe, les pertes au jeu, les désastres de l'agiotage, quand ils ne conduisent pas l'homme au suicide, le poussent à s'isoler des autres hommes, ou à ne s'en rapprocher que pour leur nuire. Il devient sombre, défiant, dur, capricieux, taciturne, rebelle à l'autorité légitime. Il critique, il déprécie; son âme malade ne connaît plus l'enthousiasme, et son scepticisme moqueur paraît prendre à tâche d'étouffer l'enthousiasme des autres.

Le gain produit sur lui à peu près même effet que la ruine; il le trouve fatigué par la lutte, blasé sur des jouissances que son imagination lui représentait plus vives que la réalité. Il a besoin de repos, et découvre qu'il faut se donner presque autant de mal pour conserver la richesse que pour l'acquérir. Il croit avoir rempli son âme et la sent toujours vide!

Imaginez de l'eau tombant goutte à goutte sur une roche exposée sans abri aux rayons d'un ardent soleil : l'eau s'en ira en vapeur avant même que le rocher ait pu être rafraîchi.

Combien ne connaissons-nous pas de ces riches malheureux! La fortune les favorise, ils voient s'accroître, presque sans effort, la masse de leurs biens; mais les soucis leur font cortége, et ils portent leur richesse comme une chaîne. Ils ont toujours l'instinct de la vie, ils n'en ont plus l'attrait. De loin leur sort fait envie, de près il n'inspire que pitié.

La soif insatiable du luxe unie à la passion du jeu empêche l'homme de jouir de ce qu'il a, ajoute à ses épreuves trop réelles le fardeau de ses maux imaginaires, et peut finir par étouffer tout germe d'énergie sociale.

XIII.

Conséquences du luxe sur la production. — Son excès contraire au commerce et à l'industrie. — Opinion de Voltaire. — Montesquieu et Diderot. — *Le luxe fait aller le commerce.* — Inconstance des salaires. — Les industries de luxe sont les moins payées. — Le luxe tue l'épargne. — Détourne les bras du travail productif. — Appauvrit le producteur, le consommateur et l'ouvrier. — Les faillites. — L'Empereur et la classe ouvrière. — Remontrances de 1718. — Renchérissement de la vie, surtout sensible pour la classe moyenne. — Danger social de l'amoindrissement de la petite bourgeoisie. — Un luxe relatif à la portée de tout le monde. — Les nouveaux établissements de crédit.

J'ai indiqué les conséquences du luxe sur la production lorsque j'ai eu à parler de la mode[1]. Il importe de revenir sur cette grave question:

---

1. Voir page 150.

à savoir si, en dehors du point de vue moral au sujet duquel aucune controverse sérieuse ne peut naître, le luxe est favorable au commerce et au libre développement de l'industrie, ou s'il ne leur est pas hostile.

Quelques économistes peu profonds, — et je ne croirai pas manquer de respect à la mémoire de Voltaire en le mettant de ce nombre[1], — ont

---

[1]. Il me suffira, pour appuyer mon opinion, de rappeler, par deux citations, avec quelle légèreté Voltaire traitait cette grave question économique et sociale du luxe : — « L'argent, disait-il, est fait pour circuler, pour faire éclore tous les arts, pour acheter l'industrie des hommes. Qui le garde est mauvais citoyen, et même est mauvais ménager. C'est en ne le gardant pas qu'on se rend utile à la patrie et à soi-même. »

Politique et Législation.

« Dans un pays où tout le monde allait pieds-nus, le premier qui se fit faire une paire de souliers avait-il du luxe? N'était-ce pas un homme très-sensé et très-industrieux? N'en est-il pas de même de celui qui eut la première chemise? Pour celui qui la fit blanchir et repasser, je le crois un génie plein de ressources et capable de gouverner un État! Lorsqu'on inventa les ciseaux, qui ne sont certainement pas de l'antiquité la plus haute, que ne dit-on pas contre les premiers qui se rognèrent les ongles, et coupèrent une partie des cheveux qui leur tombaient sur le nez? On les traita sans doute de petits maîtres et de prodigues, qui achetaient chèrement un instrument de la vanité pour gâter l'ouvrage du Créateur. Quel péché énorme,

prétendu que le luxe est profitable au commerce, parce qu'il donne lieu à une circulation plus active de l'argent. Leur raisonnement consiste à dire : — « L'argent que les uns perdent, les autres le gagnent. Si j'ai un luxe exagéré dans mon ameublement, mes chevaux, mes voitures, je fais gagner le fabricant d'étoffes, de bronzes, de cristaux, le tapissier, le sellier, le carrossier; je fais vivre mille autres industries. Si je vends ma terre pour payer mes dettes ou seulement augmenter mon revenu, elle se divise, est mieux cultivée et produit davantage; l'État commence par percevoir un droit important sur la vente, et profite par l'impôt de l'augmentation des pro-

---

raccourcir la corne que Dieu fait naître au bout de nos doigts! C'était un outrage à la Divinité! — Gardez-vous du luxe, disait Caton aux Romains : — vous avez subjugué la province de Pharse, mais ne mangez jamais de faisans. Vous avez conquis le pays où croît le coton, couchez sur la dure. Vous avez volé à main armée l'or, l'argent et les pierreries de vingt nations, ne soyez jamais assez sots pour vous en servir. Manquez de tout après avoir tout pris!

« On a déclamé contre le luxe depuis deux mille ans, en vers et en prose, et on l'a toujours aimé. »

Dictionnaire philosophique, verbo Luxe.

duits. L'intérêt des gouvernements n'est donc pas de combattre le luxe!

Il est certain, au contraire, que le luxe nuit au développement de la richesse, loin d'y concourir.

La richesse d'une nation se compose des capitaux amassés par l'épargne. Le luxe, en encourageant la dissipation, a pour première conséquence d'empêcher l'accumulation du capital. Il prodigue des ressources qui, sagement administrées, pourraient fonder des établissements utiles, améliorer des territoires, développer l'industrie.

Les bras si nombreux qu'il emploie à des ouvrages dont la valeur de convention est subordonnée aux mille caprices de la mode, sont enlevés au travail productif, à l'agriculture notamment. Il en résulte, dans toutes les classes, une aisance plus apparente que réelle.

Une activité excessive dans la production des objets de luxe a pour résultat immanquable, — j'en ai indiqué la raison, — d'appauvrir le fabricant, l'ouvrier et le consommateur.

Le fabricant, parce qu'il n'est jamais certain, à cause des brusques variations de la mode, de l'écoulement avantageux de ses produits; — l'ouvrier, parce que les industries de luxe sont soumises à une mobilité excessive dans les prix des salaires et à de fréquents chômages[1]; — le consommateur enfin, parce que l'inconstance de la mode l'oblige à acheter davantage et à renouveler plus souvent.

Une production nouvelle du luxe, — soit qu'il s'agisse du mobilier, de la parure ou de l'habillement, — vient-elle à plaire, la fabrication ne peut suffire aux demandes; l'ouvrier voit doubler son salaire, et augmente sa dépense en proportion.

---

[1]. « Le plus grand malheur qui afflige les ouvriers vient de la mobilité des salaires. Comme ce changement ne correspond pas toujours exactement aux variations qui surviennent dans le prix des moyens d'existence, il en résulte que, à chaque instant, l'équilibre du budget de l'ouvrier peut être dérangé. La raison en est que la cherté des vivres cause une gêne presque générale, qu'à la suite de cette gêne la production diminue, et que la diminution de la fabrication a pour conséquence d'amener une réduction des salaires par la réduction de la demande du travail. »

Batbie, *Cours d'économie politique*, t. I, p. 331 et 333.

Bientôt la mode change, la fabrication se ralentit, puis s'arrête, et le patron renvoie ses ouvriers, qui se trouvent sans travail avec des besoins plus nombreux. Ils pourront, il est vrai, s'adonner à des industries différentes; mais ils ont la main faite à celle-ci, il leur faudra beaucoup de temps, presque un nouvel apprentissage, pour devenir habiles dans une autre. Encore l'ouvrier soumis à ces alternatives de chômage, de hausse et de baisse dans le prix des salaires est-il l'ouvrier exceptionnellement habile; c'est-à-dire un sur cent. Le reste touche des salaires insuffisants, et il est démontré que les industries les moins payées sont les industries de luxe.

Depuis treize ans elles se sont considérablement développées; la plupart ont fructifié.

Cependant on voit les faillites croître dans une proportion alarmante. De 1854 à 1865 elles s'élèvent de 2,555 à 6,198. Pour la période comprise entre 1865 et 1866 l'écart est de 4,839 à 6,198; — soit un accroissement de plus des sept douzièmes.

Dans le même temps, les banqueroutes frauduleuses, — c'est-à-dire les faillites aggravées au point de devenir un crime, — subissaient l'effrayante augmentation de vingt-deux pour cent! Il y a quelques mois, le Président du tribunal de commerce de la Seine[1] constatait que les faillites déclarées à Paris du 1er juillet 1867 au 30 juin 1868 étaient de 1,848; — trente-trois de plus que l'année précédente[2]! Or l'année précédente, alors que Paris était devenu le rendez-vous de toute l'Europe, que les Princes étrangers le quittaient à peine, en pleine paix, au milieu des signes

---

1. M. Louvet, président sortant.

2. Dans le seul mois de Juin 1868, il y a eu cent soixante-dix-sept déclarations de faillite; dix-sept de plus que le mois précédent. La dernière statistique commerciale relève, — dans la période de 1861 à 1865, — une augmentation de 61 pour 100 à Marseille, de 51 pour 100 à Paris, de 36 pour 100 à Bordeaux, de 17 pour 100 à Lille, etc. Les sommes totales pour lesquelles les faillites ont été prononcées forment un passif de 1,010,891,345 fr. L'actif n'était que de 313,705,625 fr. La moyenne des distributions n'a pas dépassé 21,50 p. 100. Il a été prononcé quatre fois plus de faillites pour des sommes de 10,000 à 50,000 fr. que pour des sommes moindres de 5,000 fr.; — signe que leur importance augmente en même temps que leur nombre. Cette progression continue; dans le mois d'Octobre on a relevé à Paris trente-deux faillites de plus qu'en Septembre.

d'une prospérité sans égale et d'une recrudescence marquée dans les productions et les consommations du luxe, on entendait le commerce se plaindre; et l'Empereur, à Amiens, dans une circonstance solennelle, constatait — « la stagnation des transactions commerciales. »

Cette situation n'a pas changé. La Banque de France, toujours atteinte de pléthore, entasse dans ses caves des capitaux qu'elle n'est plus appelée à rendre à la circulation.

Quel plus énergique démenti pouvait être donné à ceux qui proclament, dans un style de marchands, que *le luxe fait aller le commerce* [1]!

On doit signaler, comme une nouvelle et frappante démonstration de cette vérité : que le luxe

---

1. D'Aguesseau, notre modèle, a consacré une de ses pages les plus éloquentes à démontrer que le luxe et l'agiotage sont au même titre funestes à la prospérité commerciale d'une nation : « L'agiotage, — dit-il, — a ce grand inconvénient que, par un faux genre de commerce, il diminue et affaiblit le véritable. Comme il ne faut, pour y réussir, ni talent, ni habileté dans les arts ou le commerce, ni travail, ni application pénible, ni même de la bonne foi, et qu'il suffit d'avoir une

revêt les apparences de la richesse sans fonder la richesse elle-même, la disproportion qui ne tarde jamais à s'établir entre le prix excessif des choses nécessaires à la vie et la fortune des particuliers.

« Il en résulte, — suivant Montesquieu, — une incommodité générale. Ceux qui excellent dans une profession mettent à leur art le prix qu'ils veulent ; les plus petits talents suivent cet exemple,

malheureuse manœuvre d'usurier, qui consiste à se jouer de l'opinion des hommes et à tirer une espèce de tribut de leur imprudence et de leur crédulité, tous ceux qu'on regarde comme le rebut du commerce honorable, et qui n'auraient aucun crédit s'ils s'en mêlaient, ni aucun moyen de s'y avancer, viennent fondre de tous côtés dans ce commerce honteux ; et la fortune du public est livrée à tout ce qu'il y a de plus méprisable ou dans le négoce, ou dans les arts, ou dans la finance, ou dans les affaires. La rapidité des fortunes prodigieuses qu'ils font débauche ceux même qui pourraient s'enrichir par d'autres voies plus honnêtes. Peu d'esprits sont d'une trempe assez forte pour résister à cette tentation : une journée d'agiotage est souvent plus lucrative que des années entières de peines et d'application dans les travaux pénibles des autres professions qui ont rapport au négoce. Il n'en faut pas davantage pour porter une grande partie des hommes à renoncer à ces travaux, pour faire, en un moment, une fortune si prompte et si facile par l'agiotage. Ainsi, le véritable commerce perd autant de sujets que le faux commerce en acquiert. »

Mémoire sur le commerce des Actions.

il n'y a plus d'harmonie entre les besoins et les moyens [1]. »

« Le goût d'une dépense excessive répandu dans toutes les classes de citoyens, — disait de son côté Diderot, — porte les ouvriers à exiger un prix excessif de leurs ouvrages. Indépendamment de ce goût de dépense, ils sont forcés à hausser le prix de la main-d'œuvre, parce qu'ils habitent les grandes villes, — des villes opulentes où les denrées nécessaires ne sont jamais à bon marché [2]. »

En France, nous voyons ce phénomène économique se produire chaque fois que le luxe est en progrès.

Dans les remontrances du Parlement de Paris de 1718, alors que quelques agioteurs enrichis par la banque de Law donnaient l'exemple d'un luxe insolent, la voix grave des Magistrats constatait le mal en ces termes:

« Ce qui doit, Sire, mettre le comble à tous ces

---

1. *L'Esprit des lois*, liv. VII, chap. I.
2. *Encyclopédie*, verbo Luxe.

malheurs, ce sera l'augmentation du prix de toutes les marchandises, dont nous éprouvons déjà le commencement [1]. »

Il est hors de doute que les ressources de la France se sont notablement accrues dans ces der-

---

[1]. D'Aguesseau dénonçait de son côté l'influence directe qu'exercent le luxe et l'agiotage sur le renchérissement de la vie : — « Le véritable commerce perd autant de sujets que le faux commerce en acquiert, et au lieu que ceux qui se livrent au dernier étaient auparavant des hommes utiles à l'État, qui, en gagnant leur vie d'une manière laborieuse, y produisaient tous les jours un nouveau fonds de richesses, ce ne sont plus que des gens oisifs, riches pour eux-mêmes et stériles pour l'État, ou plutôt véritablement nuisibles à la société où ils ne servent plus qu'à faire enchérir à l'excès les fruits de la nature et les ouvrages de l'art : en sorte qu'il faut, ou devenir agioteur comme eux, ou être menacé de mourir de faim par le prix énorme des choses nécessaires à la vie. Quand les richesses réelles croissent dans un royaume, quand l'or et l'argent s'y multiplient considérablement, le prix des denrées croît à la vérité, et la dépense augmente nécessairement ; mais les moyens de payer ce prix croissent en même temps, et la recette s'augmente autant que la dépense, en sorte que la fortune des hommes se trouve toujours à peu près dans la même proportion. Mais ici la dépense monte à l'excès, et les revenus, ou les moyens de la soutenir, diminuent aussi à l'excès. Celui qui n'avait que 6,000 liv. de rente, et qui était obligé de les dépenser, est forcé d'en dépenser 12,000 ; et s'il est assez heureux pour ne voir diminuer son revenu que de la moitié, il n'a que 3,000 liv. pour

niers temps; l'or et l'argent, en devenant plus communs, ont perdu de leur valeur et donné lieu à un légitime renchérissement du prix des choses. La question est de savoir si le prix des vivres et des objets de première nécessité, en augmentant dans une proportion à peu près double de ce qu'il était il y a douze ans, a suivi la progression de la richesse, ou s'il ne l'a pas dépassée.

Il l'a dépassée incontestablement.

Le développement du luxe, l'accroissement anormal des grandes villes qui, par les chemins de fer, attirent à elles les produits des provinces, ont eu pour conséquence d'augmenter la consommation sans que la production se soit sensiblement accrue.

Ce fâcheux état de choses pèse moins lourdement toutefois sur la classe ouvrière et agricole que sur la classe moyenne. L'ouvrier a vu s'élever le taux de ses salaires, le cultivateur vend plus avantageusement ses produits.

---

en dépenser 12,000; et, par conséquent, il s'en faut les trois quarts qu'il n'ait le nécessaire pour vivre. »
Mémoire sur le commerce des Actions, t. XIII, p. 552.

Le gouvernement leur est du reste venu en aide par tous les moyens. Nous verrons bientôt ce qu'il a fait pour l'Agriculture.

L'Empereur, dans son incessante sollicitude pour le sort des ouvriers de la ville, s'est personnellement occupé d'améliorer leur situation économique et morale, — sollicitude dont l'ouvrier ne lui a pas jusqu'ici témoigné une reconnaissance bien vive! On a vu le Prince encourager la construction de cités ouvrières, — logements à bon marché dont il fournissait les modèles, — et envoyer aux Maires des villes de fabrique des sommes importantes prises sur sa cassette, notamment cent mille francs au Maire de Lille. Il a assuré à l'artisan le droit de débattre librement le prix de son salaire, fondé et placé sous le patronage de son fils *l'Orphelinat du Prince impérial*; pour donner au fils de l'ouvrier sans famille un apprentissage et une industrie, — la *Société du Prince impérial* pour les prêts de l'enfance au travail, association touchante qui vient en aide aux classes laborieuses en les garantissant contre les chômages et leur assurant le travail, source de leur moralisation et de leur bien-être.

Ni le cultivateur ni l'ouvrier n'ont donc trop à souffrir du renchérissement de la vie.

Mais la classe moyenne, celle qui comprend la masse des rentiers de l'État, les petits commerçants, les titulaires de rentes sur les particuliers, les petits propriétaires de maisons urbaines ou de domaines ruraux, — classe intéressante parce qu'elle est nombreuse et forme la principale force des États démocratiques, — a vu, depuis douze ans, sa dépense croître hors de proportion avec son revenu.

Non-seulement le luxe appauvrit la classe moyenne, mais il tend à la supprimer.

Au milieu de la gêne à laquelle l'enchérissement excessif de la vie soumet ceux qui la composent, ils sont loin, nous l'avons vu [1], de se tenir pour satisfaits de leur sort, et mettent en usage tous les moyens pour le changer. S'ils succombent dans

---

1. Page 173.

leurs tentatives généralement imprudentes, ce sont de nouveaux mécontents; s'ils réussissent, ils viendront grossir le nombre des mauvais riches.

La classe moyenne s'affaiblit autant par les pertes qu'elle fait que par les recrues qu'elle ne fait plus.

Cependant elle forme dans l'État un amortissement nécessaire entre les mauvais exemples descendus d'en haut et les mauvaises passions qui fermentent en bas; elle protége ceux qui font un mauvais usage de leur superflu contre l'appétit de ceux qui manquent du nécessaire. Elle tient la place de ces épais bourrelets disposés entre les engrenages des machines, afin d'empêcher des frottements dangereux ou des heurts violents. Le grand esprit politique de d'Aguesseau, — qu'on ne s'étonne pas de me l'entendre citer encore, — se rendait bien compte de ce danger social :

« Rien n'est plus dangereux à un État que d'en retrancher presque un étage entier, si l'on peut parler ainsi, de n'y laisser que les deux extrémités, c'est-à-dire ceux qui gagnent leur vie par leur travail, et ceux qui jouissent d'une fortune extraordinaire, en sorte que l'étage du milieu, ou la condition médiocre, qui est ordinairement celle où il habite plus d'honneur, de sagesse et de vertu, est presque anéantie, ou du moins réduite à une fâcheuse nécessité[1]. »

Si, par une sorte de compensation du prix excessif auquel atteignent les choses de première nécessité, un luxe relatif est aujourd'hui à la portée de tout le monde, si les plus petites bourses peuvent prétendre au superflu, je ne puis cependant y voir un signe de la prospérité publique.

L'art n'en profite en aucune façon, parce que le luxe à bon marché se fait vulgaire pour mieux se répandre. C'est un luxe de pacotille auquel la vanité seule trouve son compte. On l'ambitionne, non pour obéir à un instinct de magnificence, ou par amour du beau; mais uniquement afin de satisfaire la plus mesquine des passions, celle qui

---

1. *Mémoire sur le commerce des Actions*, t. XII, p. 566.

fait trouver un secret plaisir à humilier son semblable par un faste de mauvais aloi.

Je ne puis non plus voir un témoignage de l'activité des transactions commerciales dans l'ouverture de Banques ou la création de nouveaux établissements de crédit. Je pense au contraire qu'il n'y a beaucoup de prêteurs qu'à la condition qu'il se rencontrera beaucoup d'emprunteurs, et je ne sache pas que l'augmentation de la dette pour les États, les villes ou les particuliers, soit un signe de richesse. L'avenir pourra toujours, il est vrai, réparer les brèches du présent; mais il n'en résulte pas moins que si l'on emprunte c'est parce que l'on est gêné.

La seule circulation de l'argent n'exige pas les puissantes ressources dont dispose actuellement le crédit.

Un établissement financier qui bornerait ses opérations à faciliter les transactions commerciales n'arriverait certainement pas à la situation prospère où nous en voyons tant parvenir!

XIV.

Le luxe contraire au progrès de l'art. — Le bon goût ne suivit pas aux mœurs. — La *Peinture*. — L'École française. — Sa décadence et sa Renaissance. — L'École réaliste. — L'art devenu affaire de commerce ou de mode. — Encouragements aveugles de la richesse. — Abus dans l'emploi des ressources décoratives. — La *Sculpture* et l'*Architecture*. — Corruption de la langue. — L'argot. — La *Science* opposée à la *Littérature*. — Tendances du roman moderne. — Mauvais choix de ses personnages. — La réclame. — La petite presse. — Nos mœurs défavorables au talent. — Les bons livres. — Le *Théâtre*. — Ses origines. — Son apogée. — Sa décadence. — Il est corrupteur des mœurs. — Les héros du parterre. — Il s'adresse aux sens. — La mise en scène. — Les femmes de théâtre. — Les cafés-concerts. — Il y a des compensations!

Si le luxe est défavorable au développement légitime du commerce, s'il vient moins en aide au crédit qu'il ne l'entrave, il est également nuisible au libre essor de l'art.

Les arts, les lettres et les mœurs sont étroitement unis. Jamais on n'a vu le goût survivre aux mœurs, — l'art ne doit-il pas être la représentation du beau comme la vertu est la pratique du bien?

Son histoire nous le montre constamment soumis à cette loi invariable.

L'art grec commence à décliner après Périclès; l'art romain, reflet de l'art grec, se corrompt sous les successeurs d'Auguste; le grand souffle de la Renaissance meurt en Italie avec le dernier Médicis, alors que de Rome à Florence, et de Florence à Venise, — ces sanctuaires du beau, — la contagion des mauvaises mœurs avait tout envahi. En France sa destinée est pareille. Avec Louis XV il s'abaisse. Au Poussin, à Lesueur, Philippe de Champagne, succèdent sans transition Boucher, Fragonard, Lancret, Vanloo, Beaudouin, peintres de boudoir.

Depuis que nous avons, dans notre ameublement et le costume des femmes, restauré le style de ce temps, en attendant que nous en reprenions les mœurs, les toiles mièvres et voluptueuses des peintres du xviiie siècle sont à la mode et se payent des prix exagérés.

Cependant l'École française, retrempée aux sources du vrai par l'énergique réaction de David, a, pour se défendre contre l'invasion du mauvais goût, le souvenir d'une ère glorieuse et un présent qui n'est pas sans grandeur; mais on la voit négliger l'application et la méditation; l'art, étouffé par le positivisme contemporain, ne s'inspire plus au souffle chaste et immortel du beau! S'il n'a pas perdu toute vigueur, il le doit à un reste de séve, qui ne demanderait qu'un climat favorable pour fructifier; toutefois c'est seulement à de longs intervalles qu'il retrouve de ces sublimes élans par lesquels l'homme se rapproche de la Divinité. Pour se conformer aux tendances actuelles, il s'éloigne de l'idéal, et sacrifie le culte du simple à celui des grâces maniérées. Le dessin est moins estimé que la couleur parce que le dessin, qui est la pensée, s'adresse spécialement à l'âme, tandis que le coloris parle aux sens.

L'art est plus répandu, plus savant, plus ingénieux, plus fécond surtout. Si on relevait ce qui se produit en France de tableaux, de bas-reliefs, de statues, on serait surpris du chiffre!

Nos expositions abondent en toiles de toute nature, de toutes dimensions et de tout mérite; le nombre des tableaux qui n'ont pas été admis est plus considérable encore! Un coup d'œil jeté sur ces peintures nous montre des femmes nues dans des poses tour à tour lascives ou provoquantes, des batailles que le peuple et les enfants affectionnent, des scènes historiques le plus souvent mal comprises, des tableaux de genre qui font peu d'honneur aux mœurs du jour. L'impression générale est une grande mise en œuvre de couleur, de draperies, de lumières, et, — dans la représentation des sites de la nature, — des effets plus singuliers que vrais.

Nos artistes cherchent le succès dans l'excentrique, et il leur arrive de tomber dans la trivialité alors qu'ils prétendaient seulement être originaux. Ils ne s'appliquent plus guère qu'à provoquer l'étonnement ou le rire. La plupart travaillent sur commande, comme des ouvriers, et ne prennent plus le temps de consulter l'inspiration, seule capable de les ramener dans la voie du vrai. Le peintre qui résisterait à la contagion courrait risque de se condamner à l'obscurité et à la misère!

Cependant, quelque jour, cette réaction sera tentée; les circonstances n'étant plus les mêmes, elle réussira.

De ces aspirations nouvelles est née l'école réaliste. Sans atteindre au *faire* habile ni à la riche couleur des Écoles allemande et hollandaise, elle s'adonne comme elles à la représentation de nos laideurs physiques, et trouve moyen de les exagérer. Des amateurs ont mis l'école réaliste à la mode, le public s'est écrié après eux : — « Comme cela est vrai! »

Voilà pourtant jusqu'où peut descendre la poésie du pinceau!

L'art est la distraction des classes élevées, il les repose de leurs soucis, orne leurs demeures. C'est la richesse qui le fait vivre; mais, si elle ne contribue point à l'élever par ses encouragements

délicats, elle l'abaisse par son caprice aveugle.
— L'art est, plus que tout le reste, soumis à l'empire despotique de la mode.

On le reconnaît à ces ventes de meubles, statues, tableaux, dont la valeur artistique est généralement douteuse, mais qui, au feu des enchères, atteignent des prix excessifs. Celui que nos prétendus connaisseurs mettent à une toile n'est presque jamais l'expression de son mérite. Une école est en hausse sans que l'on sache pourquoi, tandis que telle autre, incontestablement supérieure, tombe, sans plus de raison, dans le discrédit. L'art n'a rien à gagner dans ces joutes mémorables, — tournois ouverts à l'orgueil, luttes où le vainqueur se montre moins satisfait de la possession longtemps incertaine d'un objet précieux que du bruit qui se fera autour de sa victoire. Les journaux diront ce qu'elle lui a coûté, et le public apprendra que M. C... ou M. N... est assez riche pour mettre une somme importante à un caprice. Certains peintres qui, de leur vivant, trouvaient difficilement à placer leurs œuvres, ne pourraient croire à leur prix actuel.

Quelques artistes contemporains ont dû voir avec surprise, — si leur vanité ne les aveuglait toutefois, — une vogue soudaine s'attacher à leur pinceau.

La spéculation, rendue ingénieuse par les besoins infiniment variés du luxe, a su faire de l'art un moyen de commerce; la raison pour laquelle de riches banquiers tiennent à acquérir une réputation d'amateurs, c'est qu'elle leur permettra de trafiquer avec avantage de leur galerie. Ces tableaux, que leurs possesseurs connaissent seulement par leur nombre, passent entre leurs mains comme les femmes dans le harem du sultan. L'habileté consiste à en payer quelques-uns un prix fort élevé pour attribuer aux autres une valeur de convention.

Les dépenses occasionnées par cet entraînement forment un article de plus au chapitre des prodigalités dont les grandes fortunes rapidement acquises donnent si fréquemment l'exemple.

Il est mauvais que les pauvres et la classe nombreuse de ceux qui, sans être précisément dans la misère, vivent au jour le jour de gêne et de privations, puissent se dire, à la nouvelle qu'un tableau, un meuble, un bijou de poche, ont été payés quatre-vingt ou cent mille francs, qu'il y a près d'eux des riches à qui l'argent coûte si peu!

La fortune, comme la puissance, ne devrait se connaître qu'à ses bienfaits.

Lorsque la peinture commence à décliner, tous les arts la suivent, notamment la sculpture et l'architecture, souvent appelées à se prêter leur harmonieux concours.

En cessant d'être simples elles perdent, elles aussi, tout cachet de grandeur. Le caractère que revêt alors l'architecture est celui d'une richesse exubérante, impuissante à dissimuler la pauvreté de l'idée. Elle abuse des corniches, des frontons, des statues, des bas-reliefs, prodigue les marbres, les dorures, les bronzes, les colonnades, les portiques.

Cet oubli des justes mesures et des convenances architectoniques, ces caprices infinis de la ligne, cet excès dans l'emploi des ressources décoratives, ont toujours été pour l'architecture un signe de décadence.

Toutefois l'art, en trouvant pour se répandre des moyens ingénieux et nouveaux, tels que les moulages perfectionnés, la galvanoplastie, la lithographie, la photographie, l'héliographie, a fait un progrès réel. Bien que ces reproductions soient généralement imparfaites, elles n'en mettent pas moins les chefs-d'œuvre de la peinture, de la sculpture, de l'architecture à la portée de toutes les bourses; les plus modestes ménages peuvent en orner leur demeure.

Introduire l'art au foyer domestique, à côté de ce qui se rapporte uniquement aux besoins matériels, c'est nous y rattacher par les inspirations plus nobles de la pensée et du cœur; c'est éveiller ou entretenir le sentiment du beau; c'est favoriser peut-être chez nos enfants l'éclosion d'une vocation cachée!

Le langage suit la décadence de l'art. Il se corrompt, s'abaisse par sa familiarité, et finit par perdre tout souvenir de son génie national.

Les derniers monuments de la langue latine renferment en si grand nombre des mots grecs à peine latinisés, que certains passages sont incompréhensibles.

La langue française, après avoir mérité par sa clarté, son élégance, son harmonie, de devenir la langue universelle et de rester la langue diplomatique, après avoir mis à se défendre des intrusions étrangères le soin jaloux qu'apportent les représentants des grandes races à garantir leur sang de tout mélange, se montre maintenant facile à l'excès. On dirait que nous prenons à tâche d'abaisser ce fier et beau langage que parlaient Montesquieu et Bossuet; de rendre triviale et pesante cette langue spirituelle qu'ont si finement maniée Voltaire, Rivarol, Champcenetz!

Lorsqu'un romancier osa, pour la première fois, faire parler *argot* à ses personnages, son livre eut un succès de nouveauté et de curiosité; mais le bon goût protesta. Aujourd'hui l'*argot* ne blesse plus l'oreille, il a acquis droit de cité, et se parle dans le meilleur monde.

Pour vous rendre bien compte de ce que notre

langue a perdu de sa simplicité et de son harmonie, imaginez un lettré retiré du commerce des hommes pour vivre dans la familiarité de nos grands auteurs, puis mettez entre ses mains quelqu'un de nos romans modernes, ou plutôt menez-le dans un cercle à la mode. Cet homme commencera par se croire dans la société d'étrangers s'essayant à parler notre langue et la mêlant de mots pris à leur idiome national, il pensera que vous l'avez conduit parmi des Français rustiques, étrangers aux convenances et aux règles du langage, habitués à se servir de locutions triviales ou grossières. Si vous lui apprenez qu'il se trouve au milieu d'hommes distingués par leur éducation et leur naissance, vous le surprendrez assurément!

Notre langue, après de nombreux emprunts aux termes techniques de la science et au monde des affaires [1], s'est compliquée de mots durs, in-

---

1. Saint-Simon, faisant allusion aux mœurs de la rue Quincampoix, reparues dans nos Bourses modernes, disait : — « On avait fait comme une langue pour entendre ce manége et savoir s'y conduire. »
Mémoires.

harmonieux, difficiles à prononcer, incompréhensibles pour qui n'en a pas la clef. Les uns nous arrivent d'Angleterre, les autres d'Allemagne, d'autres je ne sais d'où. Il y a aussi l'interminable cortége des expressions et des désignations nouvelles nées de nos modes et de nos usages : celles de *biche, cocotte, gandin, cocodès, petit crevé*, et tant d'autres! lesquelles ont bien vite été déclarées charmantes, adoptées par la mode, répandues par l'usage; le dictionnaire, les trouvant dans la circulation, leur donne à son tour place dans son vocabulaire.

Montaigne, Mme de Sévigné, Pascal, Montesquieu, Voltaire, Rousseau, Buffon, ont, eux aussi, *inventé* des mots; mais chaque fois on a pu dire que la langue s'était enrichie : nos innovations modernes n'ont d'autre résultat que de l'abaisser!

De retour d'un long voyage, je rencontrai au bois, le soir même de mon arrivée, la duchesse de N... « Combien je suis aise de vous revoir, me dit-elle, montez dans ma voiture et venez *gobichonner* chez moi! » Il lui fut permis de se rire de ma surprise. Je n'avais pas encore eu le temps d'apprendre la signification du verbe *gobichonner*, — le dernier-né de cette langue de fantaisie adoptée par la *high-life* et la *gentry*, autres mots que je recommande aux linguistes épris de l'harmonie du son !

Notre littérature ressent le contre-coup de cette corruption et semble prendre à tâche de la propager.

Nous sommes toujours un peuple lettré, sensible aux plaisirs de l'esprit, l'Europe n'a pas désappris de nous lire ; ce qui s'imprime est incommensurable, le dépôt à la Bibliothèque impériale exige à lui seul le service d'une voiture attelée d'un cheval. Mais, combien, depuis dix ans, avons-nous d'ouvrages dignes de prendre place dans l'histoire littéraire de la France, d'œuvres profondes, bien pensées, bien écrites, capables d'élever le sens intellectuel et moral de la nation ? Il se publie, il est vrai, un certain nombre de bons livres ; mais ils sont généralement pédants, ennuyeux, mal écrits, et ne se lisent guère.

Le livre est devenu un objet de commerce ou un instrument de vanité[1]. La plume n'est plus un

---

[1]. Il y a aussi les livres de luxe dont les gravures forment le seul attrait; le texte, parfois spécialement composé pour elles, n'est plus que l'accessoire. Le nom de l'artiste s'étale en lettres d'or sur la couverture où on ne trouve pas toujours le nom de l'auteur. On achète ces sortes d'ouvrages, non pour s'en faire des amis, des modèles, des consolateurs, mais comme un ornement destiné à prendre place sur les rayons d'une bibliothèque d'apparat ou sur une table dans un salon banal.

On se contente d'admirer les illustrations, la richesse de la reliure, la couleur et la finesse du maroquin, la beauté des caractères. C'est une des mille formes du luxe moderne, un objet de montre dont la vue seule exclut toute idée de recueillement.

Avec le prix que coûtent ces livres, on pourrait se composer une bibliothèque choisie. On en jugera par cet aperçu emprunté aux plus récents catalogues de nos principaux éditeurs : — la *Bible de Gustave Doré* se vend 200 francs cartonnée, et avec la reliure 1,000, 2,000, même 5,000 francs; l'*Enfer du Dante*, par le même, vaut relié 1,400 francs; le volume des *Jardins*, qui coûte 100 francs broché, vaut relié 3,000 francs; les *Caractères de La Bruyère*, 1,500 francs; un petit *Alfred de Musset*, 1,000 francs; les *Lettres de Mme de Sévigné*, 1,200 francs; un *Molière*, 1,200 francs; un *Corneille*, 1,500 francs; un *Schiller*, 1,000 francs. Des *Imitations de Jésus-Christ* coûtent 2,000 et 2,500 francs; la *Vie des Hommes illustres de Plutarque*, sur papier de Hollande, avec eaux-fortes et couverture en maroquin du Levant, 15,000 francs.

Comment vivre dans la familiarité de la pensée ou de l'étude avec ces volumes d'un prix extravagant et généralement d'un format incommode!

sceptre que portent avec dignité, honneur et indépendance le philosophe, le moraliste ou le penseur; c'est, pour le plus grand nombre, une occasion de scandale ou de fortune.

La chute est surtout grande dans le roman.

Au lieu de s'inspirer des sentiments nobles et honnêtes, de puiser ses effets dans les drames véritables, — certes notre pauvre existence en proie à toutes les misères ne manque pas de sujets! — il se renferme dans un monde de sentiments impossibles, d'événements extraordinaires, cherche à émouvoir par le récit de ce que la vie présente de plus anormal ou de plus monstrueux, flatte les mauvaises passions, les excite, et pour toutes les fautes plaide les circonstances atténuantes. Il se plaît à rendre ses héros intéressants par leurs vices, lorsqu'il pourrait les montrer touchants par leurs vertus, offre en modèles à une société malade des personnages qui résument en eux toutes les maladies morales et toutes les corruptions. En les plaçant hors de la loi commune, il présente la société sous l'image d'un joug trop lourd pour les âmes à forte trempe, et dont il leur est dès lors permis de s'affranchir.

Il confond le bien et le mal, fait le procès à la distinction des classes, dénonce toute discipline comme absurde, injuste, vexatoire, et contribue à détendre le lien social. Le récit manque de bonne foi, les événements historiques sont tronqués, défigurés, adaptés à la thèse que soutient le livre.

La forme dépasse encore le fond, s'il est possible, par l'incorrection et la vulgarité du style.

Cette littérature a acquis une désolante fécondité, — la fécondité du champignon qui, dans les contrées malsaines, pousse en une seule nuit. Elle a trouvé, pour se répandre, des débouchés dont manquent les bons ouvrages, et dispose de mille complaisants organes.

Plusieurs mois avant que le roman ne paraisse, les murs des villes se couvrent d'affiches, attirant l'attention, à la fois par la dimension de leurs caractères, et le style dans lequel elles sont rédigées [1]. Les journaux annoncent avec fracas le titre de l'ouvrage et le nom de l'auteur; ils allèchent le public par leurs indiscrétions,

---

[1]. En voici une que l'on a pu voir longtemps sur les murs de Paris et de presque toutes les villes de province :

LE **2ᴱ JOUR** DE
LA **21ᴱ SEMAINE**
DU **5ᴱ MOIS** DE
LA **68ᴱ ANNÉE**
DU **19ᴱ SIÈCLE**
LE **26 MARDI** A LA DATE
DU **27 MERCREDI**
LE **147ᴱ JOUR** DE L'ANNÉE

Paraîtra dans le PETIT JOURNAL
MONSIEUR LECOQ
LE FAMEUX
MONSIEUR LECOQ
Par Émile GABORIAU
ET ON LE SAIT, POUR RACONTER,
ÉMOUVOIR, AMUSER, ATTENDRIR
A LUI LE COQ

éveillent sa curiosité, la tiennent en haleine, puis livrent au détail le roman impatiemment attendu, en ayant toujours soin de suspendre le feuilleton à un endroit pathétique.

Comme si ce n'était point encore assez, ces sortes de romans trouvent, pour se répandre, les feuilles à cinq centimes, lesquelles se tirent à plusieurs centaines de mille d'exemplaires, se crient sur la voie publique et pénètrent dans les plus humbles bourgades. Le nom de *Petite Presse* donné à ces nouveaux venus du journalisme semblera une dérision si on se représente la grandeur du dommage qu'ils causent au goût, aux mœurs, au caractère.

Ce n'est pas avec de telles lectures que l'on peut former l'esprit, échauffer le cœur, élever l'âme d'un peuple!

Si nous ne savons plus lire que les romans d'un haut goût, nos mœurs, à un autre point de vue, ne sont pas davantage favorables au talent.

Elles l'étouffent sous un premier succès.

Dès qu'un écrivain se révèle par quelque création originale, la foule, qui se plaint de notre pauvreté présente, l'entoure, l'acclame, le gâte, l'étourdit. La vie s'offre à lui avec un cortége de triomphes, de plaisirs, de richesse qui lui fait paraître le travail bien sévère. Le talent lui devient inutile; tout ce qui sortira de sa plume sera payé au poids de l'or. Son nom a une valeur marchande, on achète son nom; les éditeurs lui commandent des romans à livrer à époque fixe, romans qu'on lui paye fort cher et d'avance, afin d'empêcher qu'il se dédise.

Ni les lois sur le colportage, ni la censure, ni les prix académiques, ni les encouragements officiels n'ont le pouvoir de maintenir chez une nation le culte des lettres : il faut qu'elle en ait l'instinct.

Dans les sociétés comme dans l'Océan il y a deux courants : l'un descend, l'autre remonte; mettons-nous du côté du courant qui remonte, afin d'opposer à la force de l'entraînement la force de la résistance.

Le moyen est ici d'encourager et de propager les bons livres, de ne pas en laisser le privilége à des moralistes lourds et ennuyeux quoique bien intentionnés, de les rendre attrayants, de savoir faire aux idées du jour des concessions légitimes, afin de ne pas tout perdre par l'absolu.

Notre temps a produit dans la science des œuvres d'un mérite supérieur. La science, poursuivant exclusivement la solution du problème du bien-être matériel, se trouve mieux d'accord avec le génie moderne; mais nous avons vu aussi éclore des œuvres d'imagination, délicates et charmantes, accueillies avec empressement par le public, et qui ont mérité à leur auteur une légitime renommée.

Il faut faire arriver ces œuvres choisies jusqu'au peuple. En descendant des hautes classes pour qui elles sont une distraction, elles prendront l'importance d'une moralisation.

De la littérature si nous passons au théâtre, nous assistons à un spectacle plus fâcheux.

Le théâtre, né de la civilisation, s'élève ou s'abaisse en même temps qu'elle.

Pour ne citer que notre propre exemple, nous

voyons le théâtre, miroir fidèle de la ferveur et des superstitions du Moyen-Age, se concentrer à sa naissance dans la représentation des *Mystères*.

Avec les *Soties*, il retrouve sa mission véritable qui consiste à nous signaler nos travers et à les censurer. — *Castigat ridendo mores*, telle sera désormais sa devise.

Il se montre vraiment grand avec Corneille, Racine et Molière. Les bravades du Cid partent d'une âme noble et ne peuvent que provoquer l'explosion de sentiments généreux. Le caractère est un peu forcé; mais il l'est du côté de l'honneur, — comme dans les Horaces, — et à cela il ne peut y avoir de péril. Racine s'adresse aux sentiments compatissants et tendres; Molière devient le libre censeur des mœurs; conservant son indépendance dans une cour servile, sans autre privilége que celui du génie, il parle cru et vrai à la société déjà corrompue du XVIIe siècle. Il ne craint pas, lui comédien et bourgeois, de dire sans ménagements leurs travers à ces grands seigneurs qui l'écoutent en silence.

Le génie de Molière avait trouvé grâce devant

le plus chatouilleux et le plus absolu des rois!

Notre théâtre paraît oublier son glorieux passé. Intimement uni à la littérature dont il exagère les tendances, parce que, plus directement en contact avec le public, il sent mieux quelles passions on peut flatter en lui, il est généralement devenu une école de mauvaises mœurs.

Il nous montre tour à tour une femme adultère, un mari trompé, des fils ingrats, des amants se faisant honneur de leurs tristes victoires et s'applaudissant des plus honteux stratagèmes; ou, — comme dans *la Grande-Duchesse*, — une princesse souveraine éprise d'une passion sans frein pour un soldat à qui elle confère en un jour tous les grades de son armée.

Quelle leçon de respect pour les hiérarchies sociales!

Les pièces offrant les situations les plus anormales ou les plus indécentes sont les mieux accueillies. Est-il besoin de rappeler celle dont la vogue s'est prolongée toute une année, et qui vient d'être reprise avec le même succès? Le rideau tombe, au second acte, à l'instant où un des principaux personnages, après avoir séduit la femme de son ami, porte sur elle une main passionnée [1].

Le théâtre contemporain, au lieu de s'appliquer à nous offrir, sous ses aspects divers, le noble spectacle de la passion en lutte avec elle-même et finissant par se vaincre, nous la montre abandonnée à ses emportements, toujours satisfaite et toujours altérée; il fait volontiers son apologie, la proclame une justification à toutes les fautes, voire même à tous les crimes.

Chimène, Phèdre, Hermione, Esther, Athalie ont fait place à la Dame aux Camélias, à la Baronne d'Ange, à Diane de Lys, à Henriette Maréchal [2]. Les héros que le parterre honore d'une constante sympathie sont des bandits :

---

1. *Nos Intimes.*

2. Les protestations qui ont accueilli cette pièce, le jour où elle parut sur un théâtre spécialement chargé de veiller à la pureté de la langue et à l'observation des règles de la morale et du goût, ont témoigné du moins que notre esprit n'a pas perdu toute délicatesse, et que notre apparente indifférence en matière d'art n'est pas de l'insensibilité.

Mandrin et Rocambole en hommes, la Marquise de Brinvilliers, Marguerite de Bourgogne, Lucrèce Borgia en femmes. Mettez quelques crimes de plus dans la vie de ces personnages, et ils égaleront Tibère, Néron, Messaline, Poppée, Caligula, Héliogabale!

Un autre abus consiste à prodiguer au théâtre un spectacle qui nous choquerait dans la rue.

Il y a peu de pièces du genre gai, même de mélodrames, dans lesquels l'auteur n'ait trouvé moyen de mettre un ivrogne. Ces exhibitions sont contraires à la décence et à la délicatesse. Que dire si, — comme cela a lieu dans une pièce toute récente[1], — ce rôle est rempli par une femme!

Aux grandes époques de notre théâtre, — le plus fameux après celui des Grecs, — la pensée était tout. On ne tenait compte ni des décors, ni des costumes, ni du luxe des accessoires.

La scène se composait de quatre châssis sur les-

---

1. *La Périchole.*

quels on tendait une toile grossièrement peinte. Des quinquets éclairaient la salle où les spectateurs venaient pour écouter, non pour se faire voir; une rangée de chandelles qu'un laquais mouchait solennellement pendant les entr'actes formait la rampe; l'orchestre, — lorsqu'il y avait un orchestre, — comprenait un fifre et trois violons. Les acteurs représentaient les Romains du temps de Tibère ou d'Auguste avec leurs vastes perruques à marteaux et des costumes de petits maîtres.

Je suis loin de blâmer les perfectionnements introduits dans les accessoires et la mise en scène; seulement il fallait, pour mieux faire ressortir l'excès où nous en sommes venus, rappeler notre point de départ.

La scène française tend chaque jour davantage à négliger l'esprit pour les sens.

Bon nombre de pièces ne sont plus qu'un prétexte à tableaux. On n'y trouve ni style, ni intrigue, ni intérêt; l'inspiration manque, mais on n'a rien négligé pour éblouir les yeux.

Un auteur écrit rapidement, dans un mauvais

français, une pièce qu'il émaille en une proportion connue de mots d'*argot*, d'expressions triviales, de vulgaires calembours; un autre y intercale des couplets équivoques avec accompagnement de gestes; un troisième met le tout en musique. Puis viennent les machinistes chargés de combiner des trucs nouveaux, les peintres qui représentent sur de vastes décors de frais paysages ou des palais féeriques. On éclaire cette riche mise en scène au gaz, aux feux de bengale, à la lumière électrique, on prodigue les costumes, les cortéges; on remplace les acteurs par une quantité innombrable de figurantes prises parmi les plus jolies femmes, et apparaissant, à tous les actes, tantôt en ondines, en naïades, nymphes, fées ou génies. Les ballets se composent de danses d'ensemble d'où se détachent des premiers sujets qui exécutent des poses lascives, — moyennant quoi on obtient un succès !

De tels spectacles ne sont qu'une entreprise d'argent !

Voici au reste ce que je lisais lors de la première représentation de l'une de ces pièces :

« Dans la *Lanterne magique* passent en costumes tout brillants de soie et d'or trois cents femmes dont la plupart sont jeunes et belles, et le public y a pris à peine garde; il ne demandait, n'espérait, n'applaudissait que les *Clodoches*. On désigne sous ce nom quatre danseurs qui font, — à ce qu'il paraît, — les délices des bals de l'Opéra. Devant ce spectacle, ces contorsions, ces gestes incroyables, cette pantomime inouïe, la foule, — de l'orchestre au cintre, — a éclaté en applaudissements furieux ! »

Il faut au public, comme à un vieillard blasé, des spectacles qui frappent fortement ses sens. Pourquoi s'étonner dès lors que le théâtre devienne un prétexte aux exhibitions les plus bizarres, les plus excentriques ou les plus indécentes : — tableaux vivants, luttes d'athlètes, dislocations, exercices de dompteurs, cortéges de bêtes ! Un soir on vit apparaître sur l'une de nos principales scènes le bœuf gras qui s'était promené trois jours dans Paris. On a parlé d'autoriser d'une manière permanente les courses de taureaux, — ce souvenir sanglant des jeux du cirque.

Toutefois un de ces industriels empressés à tirer parti de nos travers, au besoin de nos vices, ayant fait venir d'Afrique une bande de fanatiques, lesquels, avec des contorsions hideuses, s'arrachaient les yeux, se faisaient des plaies vives, avalaient des poignards ou du feu, dévoraient serpents et crapauds, — en fut pour ses frais, et dut renvoyer ses Arabes à leur désert.

Certains entrepreneurs dramatiques font circuler dans les ateliers de femmes des avis imprimés où ils promettent des salaires importants aux jeunes ouvrières qui voudraient figurer dans leur pièce. Une fois que la fille du peuple a quitté l'atelier pour le théâtre, la robe d'indienne pour le maillot court de la figurante, elle a définitivement rompu avec la vie laborieuse et honnête, et bientôt ses compagnes d'atelier la rencontrent circulant le soir en toilette sur les boulevards.

Pour elles quel exemple !

Plusieurs théâtres, spécialement fréquentés par la classe élevée, sont pour les femmes galantes un moyen de faire connaître leurs charmes et de les mettre à prix.

Il y en a qui achètent fort cher cette faveur, et quelques directeurs, au lieu d'avoir à entretenir un personnel féminin, se font payer par lui.

On se souvient du récent scandale donné par une fille sans talent et sans voix qui parut sur la scène lyrique en costume d'Amour, portant à ses pieds plusieurs centaines de mille francs de diamants. A la première représentation la salle se trouva envahie par tout ce que la jeunesse française compte de plus aristocratique et de plus élégant. On ne voyait au parterre que princes, ducs, marquis : les places, vendues aux enchères, s'étaient disputées à prix d'or.

Cette tendance du public à s'intéresser moins aux personnages de la pièce qu'aux actrices chargées d'en remplir les rôles est cause que des jeunes femmes vraiment honnêtes et vertueuses recherchent le théâtre non plus uniquement comme une occasion de fortune, — on sait quel prix excessif nous payons nos premiers sujets ! — mais comme moyen de déclassement social.

Chaque jour des personnages haut placés, des hommes appartenant aux premières familles, même à des Maisons princières, prennent leurs femmes au théâtre et trouvent en elles des épouses dévouées et d'excellentes mères de famille [1].

Tout est pour le mieux lorsqu'ils n'ont pas à se repentir de leur choix!

Cependant de semblables mariages ne sont pas dans l'ordre; ils peuvent semer la désunion dans les familles, éveillent chez les femmes des ambitions déplacées, et sont, en somme, d'un mauvais exemple.

Après les théâtres viennent les cafés-concerts, lesquels, au lieu de populariser, comme on aurait pu le croire, la bonne musique, ne servent qu'à hâter la dépravation du goût.

Ne faut-il pas que nous soyons bien déchus de

---

1. Ce ne sera pas commettre une indiscrétion, tant, — à la suite d'une vie de théâtre exemplaire, — leur mariage a eu de retentissement, que de rappeler les noms de la Comtesse de Sparre, qui fut Mlle Naldi, de Sophie Cruvelli, aujourd'hui Baronne Vigier, d'Adelina Patti, Marquise de Caux.

notre ancienne délicatesse pour avoir pu frénétiquement applaudir la voix éraillée et la pantomime libertine d'une chanteuse de tabagie, n'ayant pas même pour elle la beauté !

Quand on songe que cette femme, aujourd'hui très-riche, a chanté pendant trois années devant un nombreux auditoire des romances telles que celles-ci : — *la Vénus aux carottes, la Reine des charlatans, la Femme à barbe, la Déesse du bœuf gras, le Casque à Mengin* [1] !

---

1. Citons encore *le Sire de Framboisy,* — *Ohé! les Petits agneaux!* — *les Bottes à Bastien,* — *le Pied qui r'mue.*

Un couplet du *Casque à Mengin,* la plus récente de ces productions, donnera une idée de la valeur de toutes les autres. Les personnes qui les ont entendues n'auront au reste qu'à se reporter à leurs souvenirs, et consulter leurs propres impressions.

> Si j' me montrais sur la place publique
> Avec un' robe, un simple caraco,
> Si j'avais l'air d'un' marchand' de boutique,
> Je n' trouverais pas le plus petit gogo.
> C'est par l'épat' que le public s'allume,
> Sans c' casque-là j' vendrais pas un crayon,
>   Faut tirer l'œil par du costume,
> Pas vrai ? là-bas ! la d'moiselle au chignon.
>   En avant ! Vert-de-Gris !
>   Zing ! boum ! rantanplan !
> C'est moi que j' suis la rein' des charlatans !

Le Casque à Mengin vient de se voir oublié pour *les Pompiers de Nanterre.* Les deux se valent !

Thérésa ayant pris l'engagement de se faire entendre dans une grande ville du Midi, moyennant des appointements plus élevés que ceux d'un Ministre, il y eut émeute le jour de la représentation : la salle ne se trouvait pas assez vaste pour contenir la foule.

La chute serait sans remède si cette décadence n'avait une compensation, et s'il n'apparaissait de temps à autre, sur notre théâtre, des pièces inspirées aux meilleures sources : morales, intéressantes, bien écrites, puisant leurs sujets dans les situations vraies de la vie, et dont l'auteur n'a pas craint de compromettre le succès, en faisant son héros honnête homme.

Ces écrivains trouvent toujours un public pour les applaudir ; ils s'adressent aux instincts généreux de l'âme, aux sentiments élevés du cœur, et maintiennent le théâtre dans sa véritable voie :
— *Instruire en amusant.*

D'autres, élargissant le cercle de son influence et touchant de plus près au problème social, se sont donné la tâche de reprendre nos mœurs.

Sachons-leur gré de leur initiative.

Ils sont parvenus à nous faire rire de nos travers; peut-être finiront-ils par nous en corriger!

CE QUE NOUS DEMANDONS

XV.

Après le mal le remède. — Par quels moyens combattre le luxe ?
— On ne peut employer que les remèdes moraux. — Édits
de Louis XIV. — Montaigne et Rousseau. — Les lois somptuaires. — *L'Exemple,* premier moyen contre l'excès du luxe.
— Charlemagne, L'Hôpital, Gilles le Maître, Frédéric le Grand.
— La garde-robe de Napoléon. — Action de la magistrature
sur les mœurs. — Toujours M. Dupin ! — La femme doit être
simple. — N'est pas simple qui veut. — A bas les diamants !
— La Comtesse de Rambuteau. — Aux femmes du monde revient l'initiative.

Nous avons signalé le mal, il importe maintenant d'en chercher le remède.

Après avoir exposé — *Ce que nous déplorons,* reste à faire connaître — *Ce que nous demandons.*

Martial, Juvénal, Pétrone sont des peintres,

non des moralistes; ils ont représenté les vices de la société romaine avec l'indifférence que met un graveur à composer une épitaphe.

Si nous en étions à ce point fatal où la maladie ne laisse plus d'espoir, loin de songer à parler il faudrait se taire, sinon par patriotisme, au moins par un reste d'amour-propre national.

Le courage manque pour faire l'analyse d'un mal sans remède. A quoi bon s'armer contre un ennemi déjà vainqueur?

Notre ennemi le luxe n'a pas encore eu le temps d'assurer ses conquêtes; levons-nous et marchons en force contre lui.

Plus tard on ne pourrait répondre du succès.

Nous demandons que le luxe soit combattu par l'*Exemple*, le *Travail*, la *Charité*, les encouragements à l'*Agriculculture*, enfin par l'*Impôt*.

« Il faut, — comme disait avec énergie un Magistrat du XVIIe siècle [1], — opposer des digues à ce débordement capable de saper les fondements

---

1. Denis Talon. Réquisitoire à l'ouverture de la chambre de Justice de 1661.

de la monarchie et d'attirer quelques révolutions périlleuses; il faut arrêter le cours de ce torrent impétueux qui a corrompu les bonnes mœurs par le luxe et la superfluité, et banni toutes les maximes d'honneur, de décence et d'austérité. »

Avec nos idées modernes, sous l'empire des principes qui nous régissent, mais surtout avec l'expérience du passé, il n'est pas douteux que les seuls moyens à mettre en usage ne soient les moyens moraux.

Autrefois, sous l'influence d'autres principes, avec une autre organisation sociale, c'est à la sévérité des lois que l'on avait cru pouvoir demander la guérison.

Les nombreux Édits rendus sous le règne de Louis XIV, soit durant sa minorité, soit depuis, sont motivés sur les considérations les plus sages. Le roi y déclare... « qu'il n'y a pas de cause plus certaine de la ruine d'un État que l'excès d'un luxe déréglé... et que ce serait en vain qu'il travaillerait à soutenir la gloire et la grandeur du Royaume s'il souffrait qu'il fût affaibli par le déréglement de ceux qui ne gardent aucune mesure en leurs vaines et excessives dépenses. »

Ailleurs il atteste que — « ... les dépenses superflues et le luxe des habits sont des abus inévitables dans les États florissants, et qu'on a toujours tâché de réprimer dans ceux qui ont été les mieux policés [1]. »

Mais Louis XIV, tout en portant des lois sévères contre le luxe, proclamait l'*Exemple* son meilleur remède.

« Pour donner plus de force aux lois, et en faire ressortir l'utilité au public, nous nous proposons, — disait sans trop tenir parole ce Prince ami du faste, — d'y ajouter notre exemple en exécutant nous-même ce que nous commandons, afin que la même puissance qui le fait connaître nécessaire à la raison, le rende désirable à la volonté, et que nos sujets aient honte de mépriser une loi que nous observons nous-même [2]. »

Avant que Louis XIV n'attestât, dans ses

---

1. Édits des 31 mai 1644 et 27 novembre 1660.
2. Édit du 31 mai 1644.

Édits royaux, l'efficacité de l'exemple, Montaigne l'avait démontrée en philosophe : — « la façon de quoy, — disait-il, — nos loix essayent de régler les folles et vaines dépenses semble estre contraire à sa fin. Le vray moyen ce seroit d'engendrer aux hommes le mespris de l'or et de la soye, comme des choses vaines et inustiles : et nous leur en augmentons l'honneur et le prix, qui est une bien inepte façon pour en desgouster les hommes ! Car dire ainsy qu'il n'y aura que les Princes qui mangent du turbot, qui puissent porter du velours et de la tresse d'or, et l'interdire au peuple, qu'est-ce dire autre chose que de mettre en crédit ces choses-là, et faire croître à chacun l'envie d'en user [1] ? »

Rousseau ne faisait qu'approuver Louis XIV et commenter Montaigne lorsqu'il disait : — « Ce n'est pas par des lois somptuaires qu'on vient à bout d'extirper le luxe ; c'est du fond des cœurs qu'il faut l'arracher en y imprimant des goûts plus sains et plus nobles. Défendre les choses qu'on ne

---

[1]. *Essais*, liv. I, chap. XLIII.

doit pas faire est un expédient inepte et vain, si l'on ne commence par les faire haïr et mépriser; et jamais l'improbation de la loi n'est efficace que quand elle vient à l'appui de celle du jugement [1]. »

Les lois somptuaires [2] furent toujours impuis-

---

[1] « Le législateur ne peut pas plus empêcher le luxe que la démoralisation, et, comme les deux choses se tiennent, il serait insensé de s'opposer à l'une ou à l'autre. La seule influence qui soit capable d'arrêter un pays sur cette pente funeste, c'est l'*exemple* des gouvernements et des hautes classes qui peuvent, par leur ascendant, empêcher le luxe en donnant l'exemple de la simplicité. »

Batbie. *Cours d'économie politique*, tome II, p. 58.

[2] Une étude complète des lois somptuaires dépasserait notre cadre; mais le lecteur aurait droit d'être surpris de ne pas en rencontrer au moins une analyse dans un livre contre le luxe.

Philippe le Bel est le premier qui ait réglé le luxe par un Édit; les Rois, ses prédécesseurs, s'étaient contentés d'en réprimer les abus par des défenses isolées ou des mesures arbitraires. L'Ordonnance de 1294 prescrit — « que les garçons n'auront qu'une paire de robes par an... les Ducs, les Comtes, les Barons de 600 livres quatre robes, et non plus, par an, et leurs femmes autant. — « Noble damoiselle, — y est-il dit encore, — si elle n'est châtelaine ou dame de 2000 liv. de terre, n'aura qu'une paire de robes par an. » Une Ordonnance rendue par Louis XII le 22 novembre 1506 porte : — « que tous les orfèvres ne pourront faire aucune *vaisselle de cuisine* d'argent sans son congé et permission, par lettres patentes. » Sous Charles VIII, bien que la France se trouvât épuisée par la famine,

santes à guérir le luxe; Louis XIV, qui les édictait, Montaigne et Rousseau, qui les critiquaient,

la peste et de longues guerres, le luxe avait pris un nouvel essor. Les États de Tours furent alors appelés à *retrancher le luxe et les dépenses superflues*, et l'Édit de Melun du 17 décembre 1485, inspiré par eux, vint défendre à tous sujets du roi : — « de porter aucuns draps d'or, d'argent ou de soie, soit en robes ou doublures, à peine de confiscation des habits et d'amende arbitraire. » François Ier, par une Déclaration du 8 décembre 1543, réprima le luxe des fourrures que venaient d'importer en France des marchands lombards établis dans une rue de Paris à laquelle ils ont laissé leur nom. Henri II rendit deux Ordonnances (19 mai 1547 et 12 juillet 1549) pour interdire — « à toutes personnes, hommes et femmes, *de quelque état et condition qu'elles soient*, de porter sur leurs habits ou aultres ornemens, aucuns draps ou toiles d'or ou d'argent, porfilures, broderies, passemens, emboutissemens, orfèvreries, cordons, canetilles, velours, satins ou taffetas barrez, meslez, couverts ou tressez d'or ou d'argent, ni aultres semblables superfluitez. » Des difficultés s'étant élevées au sujet de l'application des nouveaux édits, le Parlement fit demander au roi — « si les bordures d'orfèvrerie que les femmes portent sur leur tête, et les chaînes d'or qu'elles portent en ceintures et en bordures, sont comprises et deffendues sous le mot d'*orfèvrerie* ? » A quoi le Roi répondit : — « Qu'elles n'y sont comprises, non plus que les patenotres et autres espèces de bagues. » — Par une autre Déclaration du 22 avril 1564 on permit — « aux dames et damoiselles de maison qui demeurent à la campagne, de s'habiller de draps de soye de toutes couleurs, selon leur qualité, sans néanmoins aucuns enrichissements. » Mais, en même temps, on interdisait aux veuves : — « l'usage de toute

ont eu également raison de proclamer l'Exemple le premier remède au mal.

soye, sinon de serge ou camelot de soye, de taffetas, de damas et de velours plein. — Les femmes ne pourront porter aucune dorure à la tête, sinon la première année qu'elles seront mariées. » La Déclaration de Henri III du 7 sept. 1577 portant défenses — « de dorer ou argenter sur bois, du plâtre, du cuir, du plomb, du cuivre, du fer ou de l'acier, » renferme quelques prescriptions intéressantes. Il est permis aux personnes de qualité : — « de porter des gardes et poignées d'épées ou dagues, des fers, ceintures et éperons dorez ou argentez, comme aussi de faire dorer ou argenter les corselets, cuirasses et aultres armes. — Il est ordonné que les commandeurs, chevaliers et officiers des ordres du roi porteront *continuellement* à leur col leur croix d'or émaillée, et leurs croix brodées d'orfèvrerie sur leurs habits, et pareillement leurs colliers et manteaux des ordres aux chapitres, cérémonies et assemblées. A l'égard des femmes à chaperon de drap, elles ne pourront porter qu'une chaîne d'or au col,... fait défenses de porter du *gez*, de l'émail ou du verre en broderies ou en bandes sur les habits. » Un Édit rendu en mars 1612, pendant la minorité de Louis XIII, « fait défenses à tous ouvriers de dorer à l'avenir ou faire dorer aucuns carosses, de faire aucunes dorures dans les maisons. » Par l'Édit du 24 novembre 1639, « il est interdit à tous les sujets de Sa Majesté de faire appliquer sur les habits aucune broderie, piqueure, emboutissemens, chamarures de passemens, boutons, houpes, chaînettes, pourfilures, canetilles, paillettes, nœuds de soye ou d'or ou d'argent fin ou faux, traits ou filés, ou de *gez*, ni pierreries, perles, boutons d'or ou d'argent, simple ou doré, cuivre ou laiton doré et émaillé, et toute sorte d'orfèvrerie. Au lieu de passements, le roi permet « de mettre sur les habits

Nous inscrirons donc l'exemple en tête des moyens moraux propres à refréner l'excès du luxe.

quatre rangs au plus de boutons ordinaires de soye, et un rang de boutons à queue. A l'égard des habits des femmes, filles ou enfants portant robes, les passemens y seront appliquez ainsy qu'à ceux des hommes. »

Par un contraste souvent offert dans les temps de luxe, tandis que l'on couvrait les habits de *passemens d'or*, de perles et de pierreries, on se passait de chemise ; et un riche Vénitien, Dandolo, n'en revenait pas de surprise de ce que la femme du Doge se servait de fourchette au lieu de ses doigts ! Cependant le point de Venise et les dentelles de Gênes ne tardèrent pas à mettre le linge à la mode, et l'Édit de janvier 1629 vint défendre « toute broderie de toile et fil, découpures de rabats, colets et manchettes sur quintins, points coupez, dentelles, passemens et autres ouvrages de fil, ni aux fuseaux pour hommes et pour femmes, — dépassant trois livres l'aulne. » Louis XIV rendit de nombreuses Ordonnances contre le luxe, et fit revivre les anciens Édits. Par sa Déclaration du 26 octobre 1656, relative aux chapeaux de castor nouvellement venus du Canada, et qui se vendaient un prix excessif, il interdit l'usage de ceux qui dépasseraient 40 livres, soit à peu près 160 francs au cours actuel de l'argent. L'Édit du 27 novembre 1660 faisait défense aux hommes de porter des diamants au nœud de leurs jarretières. Celui du 13 avril 1669 proscrivait la dorure des carrosses, litières, chaises ou *calèches*. Ceux des 26 avril 1672 et 1ᵉʳ mars 1687 interdisaient l'usage — « des buyres, sceaux, cuvettes, quarrez de toilettes, chenets, feux, brasiers, chandeliers à branches, bras, girandoles, plaques à miroirs, cassolettes, cabinets, tables, guéridons, paniers, corbeilles, vases, urnes, casseroles, marmites, tourtières,

Les grands Princes, les hommes illustres, les femmes renommées pour leur esprit ou leur ca-

surtous pour mettre dans le milieu des tables, caisses d'orangers, pots à fleurs, pots à œillets, plats par étages inventez pour servir le fruit, *et tous autres ustensiles d'argent massif.* » Après cette longue énumération, l'esprit cherche quels autres ustensiles l'Édit royal pouvait encore avoir en vue! L'Ordonnance de mars 1700, la plus importante de celles rendues par Louis XIV, « défendait aux hommes, *de quelque qualité qu'ils puissent être,* de porter des habits pleins et couverts entièrement de broderies, gallon ou dentelle d'or et d'argent. Défend aux femmes de porter aucun or ni argent sur les écharpes, tabliers, fichus ou *palatines,* leur permet de mettre, sur des manteaux, robes et jupes de velours et autres étoffes, des broderies, dentelles ou gallons d'un demi-pied de hauteur seulement. Défense est faite aux femmes qui ont des quarreaux ou des placets pour porter à l'église, d'y faire mettre à l'avenir des gallons plus hauts de quatre pouces, et qui soient rebordez; défense de mettre à l'avenir aucunes crépines, franges, gallons et mollets d'or et d'argent dans les carrosses, chaises roulantes et à porteurs, sur les siéges des cochers et sur les housses des chevaux qui les traînent, comme aussi de les dorer et argenter, et d'y peindre, en dehors, autres choses que les armes avec les supports, couronnés et chiffres de ceux à qui ils appartiennent. Défense à toute sorte de personnes de faire mettre à l'avenir de l'or et de l'argent, de quelque manière que ce puisse être, sur les habits de livrée. » — L'Édit de 1700 interdisait aux femmes et aux filles non encore mariées des greffiers, « autres que celles des greffiers en chef de nos cours, à celles des notaires, procureurs, commissaires, huissiers, et à celles des marchands et artisans, de porter et avoir à l'avenir aucunes pierreries de

ractère, se sont tous signalés par leur simplicité. Lorsque Charlemagne se mettait en route pour

quelque nature que ce puisse être, à la réserve de quelques bagues. »

Les lois contre le luxe de la table furent toujours rares en France.

Charlemagne, par un Cartulaire de l'an 802, faisait défense à toutes personnes de s'enivrer. Une Ordonnance de saint Louis, — dont nos arrêtés municipaux et préfectoraux pourraient s'inspirer, — « défendait de recevoir aucune personne dans les cabarets pour y boire, sinon les passants, les voyageurs, ou ceux qui n'ont aucune demeure dans le lieu où est situé le cabaret. » Philippe le Bel, par une Ordonnance de 1294, fit défense de donner, dans un grand repas, — « plus de deux mets et un potage au lard : et, pour l'ordinaire, un mets et un entre-mets. Les jours maigres, on pouvait servir deux potages aux harengs et deux mets, ou un seul potage et trois mets ; le fromage ne comptait pour un plat que lorsqu'il était *en pâte ou cuit dans l'eau.* » L'Édit de Charles IX du 20 janvier 1568 porte : — « qu'en quelques noces, festins ou tables particulières que ce puisse être, il n'y aura que trois services au plus, savoir : les entrées de table, la viande ou le poisson et le dessert ; qu'en toute sorte d'entrée, soit en potage, fricassée ou pâtisserie, il n'y aura au plus que six plats. Dans chaque plat il n'y aura qu'une seule sorte de viande ; on ne pourra compter deux chapons, deux lapins, deux perdrix pour un seul plat. A l'égard des poulets et des pigeonneaux, on en pourra servir jusqu'à trois, des grives bécassines jusqu'à quatre, des alouettes et autres d'espèces semblables, une douzaine en chaque plat. » Louis XIII, renchérit encore sur l'Édit de 1562, et par une volumineuse Ordonnance (janvier 1629), laquelle ne comprend pas moins de

Rome, il passait à son cou l'humble gourde des pèlerins.[1] Sur les comptes de Marguerite de Flandre, femme du fastueux duc de Bourgogne Philippe le Hardi, figure la paille fraîche que, pendant les voyages de la cour, on étendait, chaque soir, dans les chambres des princesses.

L'Hôpital, au sein d'une cour fastueuse, fit la guerre au luxe par ses Ordonnances et ses livres, mais il le combattit surtout par sa vie. Sa vaisselle plate, pendant qu'il était Chancelier de France, consistait en une seule salière d'argent qui le suivait dans ses voyages. Après avoir exercé dix-huit années les plus hautes magistratures, avoir été dix ans à la tête des finances, il dut

---

140 articles, il fait défense de mettre les plats l'un sur l'autre, — moyen de ne les faire compter que pour un seul, — et interdit « à ceux qui font profession d'entreprendre des festins de noces, de fiançailles, ou des repas pour autres sujets, de prendre plus d'un écu par tête. Le Roi ne veut pas non plus que ceux qui font assembler leurs amis pour disputer et préparer à l'examen de leur réception aux offices dont ils ont traité, dépensent plus de 40 à 50 liv. pour leurs festins et collations — à peine d'être renvoyez de l'examen, et de 500 liv. d'amende. »

1. Sur les inventaires des nombreux châteaux de Charlemagne, on ne trouve que deux paires de draps de lit.

solliciter du Roi une dot pour sa fille et une pension alimentaire pour lui-même. « C'estoit, — nous dit Brantôme, — un autre censeur Caton, celuy-là! et qui sçavoit très bien censurer et corriger le monde corrompu. Il en avoit du tout l'apparence avec sa grande barbe blanche, son visage pasle, sa façon grave, qu'on eust dict à le voir que c'estoit un vray pourtraict de saint Hiérosme : aussy plusieurs le disoient à la cour. Il me souvient qu'une fois à Moulins il nous fist disner très bien du bouilly seulement; car c'estoit son ordinaire pour les disners. [1] »

Gilles le Maître, Premier président du Parlement de Paris, stipulait dans un bail passé devant Notaires que son fermier lui fournirait, aux quatre bonnes fêtes de l'année et aux vendanges, une charrette avec de la paille fraîche pour asseoir sa femme et sa fille, et un ânon ou une ânesse pour la chambrière.

Quant à lui, il allait devant sur sa mule, avec son clerc à pied.

---

1. *Les Hommes illustres et grands capitaines françois.*

Les d'Aguesseau, les Lamoignon ont donné ce même exemple, — toujours plus efficace que la sévérité des lois.

S'il était nécessaire que l'un des grands corps de l'État prît part à la ligue formée pour résister à la contagion du luxe, c'est à la Magistrature qu'en reviendrait l'honneur.

Placé en vigie à la proue du bâtiment, le Magistrat voit de plus loin le péril, et sa voix est bien venue à le signaler.

Appelé à guérir les plaies que le luxe ouvre au sein des familles, il connaît mieux l'étendue du mal; aussi la société n'hésite pas à le croire lorsque, dans ses arrêts, ses paroles ou ses livres, il signale la présence de l'ennemi et enseigne à le combattre.

La simplicité de Frédéric le Grand fut plus efficace pour entretenir les vertus guerrières de son peuple que toute la rigueur de sa discipline.

L'éloignement que montrait dans sa vie privée Napoléon pour le faste n'a pas peu contribué non plus, durant cette courte et glorieuse épopée de l'Empire, a arrêter parmi ses généraux gorgés de richesses une nouvelle et plus funeste explosion du luxe. En 1811, au temps de sa plus grande puissance, l'Empereur ne possédait que trois habits militaires et deux redingotes grises. Il envoyait de sa main, à Duroc, grand maréchal du palais, la liste des effets et du linge composant cette modeste garde-robe. Les habits devaient durer trois ans : il n'était pas tenu compte de l'usure aux jours de bataille[1] !

Ces traits sont bons à recueillir; en voyant les Princes et les grands mépriser ces jouissances que nous convoitons et qu'il leur serait si facile de se donner, on arrive à moins estimer le luxe.

Pour assurer l'efficacité de l'exemple, il faudrait que la femme, — précisément parce qu'elle est plus accessible à la tentation, — fût la première à le donner.

« Je voudrais, — a dit M. le Procureur général

---

[1]. Correspondance de Napoléon Ier, tome XXII, p. 490.

Dupin dans une philippique fameuse [1], — qu'il se fît une société des mères de famille qui, sans cesser de se mettre et de se présenter avec décence, et même avec le luxe qui convient à leur fortune et à leur état, donneraient l'exemple de retrancher impitoyablement le superflu, et viendraient par là au soulagement des autres classes qui, de proche en proche et par imitation, veulent toujours atteindre au sommet auquel il ne leur est pas donné de parvenir [2]. »

La simplicité sied si bien à la femme !

Jamais Marie-Antoinette ne parut plus jolie que dans son costume de laitière de Trianon !

Pour une femme jeune et belle, un vêtement simple sert à mieux faire valoir sa jeunesse et sa beauté. Si elle est d'un âge déjà mûr, la parure

---

1. Discours au Sénat.

2. Ce vœu de M. Dupin vient de se réaliser... en Allemagne. Dans un congrès de femmes à Stuttgard, il a été décidé qu'une commission de fabricants, peintres, médecins, modistes et tailleurs, arrêterait une forme de costume simple élégante et commode, qui, une fois adoptée, ne changerait plus.

Puissent ces bonnes résolutions ne pas demeurer stériles

n'est tout au plus bonne qu'à accuser les ravages du temps.

Lorsque j'aperçois des diamants sur la tête ou au corsage d'une jeune et jolie femme, je me demande à quoi ils lui servent! Loin d'être ébloui, j'éprouve une impression fâcheuse. Il me semble voir le paon, l'orgueilleux et sot oiseau de Junon, faisant la roue dans une basse-cour! Des diamants sur la tête, la poitrine ou les bras d'une femme qui n'est plus jeune, loin de rien réparer, ressemblent à des joyaux pompeusement exposés sur la soie ternie d'un écrin, — ou à des vers luisants sur un vieux mur; et je suis tout prêt à rire de l'aveuglement de cette pauvre femme qui fixe sur elle une attention qu'elle devrait éviter, prenant pour son compte, — comme l'âne porteur de reliques, — l'admiration que provoque sa riche parure.

Croit-elle faire revivre l'éclat à jamais éteint de ses yeux avec le fauve reflet des pierreries?

Que de fois, dans le monde, des jeunes femmes simplement mises ont obtenu un triomphe qu'elles ne cherchaient pas : la profusion de parures, étalée autour d'elles, ne servait qu'à mettre en relief leur bon goût.

N'est pas simple qui veut !

Le naturel est un signe d'intelligence ; beaucoup de femmes, qui souffrent, bien qu'en s'y soumettant, des coûteux caprices de la mode, s'empresseraient d'adopter une mise plus en rapport avec leur fortune si elles voyaient les femmes placées au-dessus d'elles par leur position, leur richesse ou leur renom d'élégance, prendre l'initiative [1].

La Marquise de Rambuteau, connue pour sa rare intelligence autant que par sa fortune moindre toutefois que sa charité, sollicita un jour du Prince-président de la République une audience

---

[1]. Plus l'exemple partira de haut, et plus il sera efficace. — L'*Illustration militaire* nous apprend que : « L'Impératrice, laquelle, comme autrefois Marie de Médicis, pourrait porter des robes ornées de trente-deux mille perles et de trois mille diamants, donne aux femmes l'exemple de la simplicité. » — La Vicomtesse de Renneville, dans un de ses récents *Courriers de la mode* (octobre 1868), ajoute : — « On revient, en fait de toilettes, à une simplicité de bon goût : Sa Majesté l'Impératrice y a beaucoup contribué en donnant la première l'exemple des robes sans aucun ornement. La chro-

dans le but d'intéresser le chef de l'État à quelqu'une de ses nombreuses bonnes œuvres. Après l'entrevue, le Prince reconduisit la solliciteuse jusqu'à la porte de son cabinet, et fit signe à l'officier de service de demander sa voiture.

« — Que Monsieur ne prenne pas cette peine, — dit Madame de Rambuteau à ce dernier, — je n'ai pas de voiture ; mais qu'il soit assez bon pour me faire remettre mon parapluie que je ne trouve plus à la place où je l'ai déposé en entrant. »

Le foyer domestique échauffé par la présence de tous ses membres, voilà surtout la grande école d'où doit partir la réaction.

Rappelons aux reines de la mode occupées durant leurs journées et leurs nuits à se parer et à

nique raconte qu'à Biarritz Sa Majesté porte de préférence de la popeline, du foulard et du cachemire uni. Elle affecte de dîner en robe montante, et la seule fantaisie qu'elle se permette, c'est d'ouvrir en cœur le corsage de ses robes les plus habillées. »
Cette réforme fait trop d'honneur au goût de la femme et à l'intelligence de la souveraine, elle est d'un trop grand poids pour que, dans l'intérêt général, nous ne songions pas à nous en prévaloir.

se faire voir, qu'elles sont épouses, qu'elles sont mères, et qu'elles trouveront, entre leur mari et leurs enfants, plus de joies véritables qu'au milieu des plus éclatants succès.

Amenons-les à comprendre que la notoriété dont elles disposent doit être mise au service de la bonne cause. Tout ce qu'elles feront sera bien fait, ce qu'elles diront sera bien dit, tant est puissant leur empire ! Les autres femmes, beaucoup plus nombreuses, qui pratiquent dans l'ombre les vertus domestiques, en se donnant une peine double n'arriveraient pas au même résultat.

Aussi la femme du monde est-elle plus coupable peut-être du bien qu'elle omet que des fâcheux exemples qu'elle donne.

Qu'elle se rapproche des devoirs de la famille, de cette vie saine et douce qui, de loin seulement, paraît sévère, qu'elle soit moins souvent absente du logis et se montre plus soucieuse des intérêts de ce petit royaume dont elle est la souveraine !

Que le jour où on lui demande à voir ses joyaux, — comme la mère des Gracques, elle amène ses enfants !

XVI.

Le *Travail* guérit le luxe. — Éloge du travail ami de la simplicité et des bonnes mœurs. — Il est le bonheur et peut devenir une réhabilitation. — Une femme galante prote d'imprimerie. — L'activité opposée à l'oisiveté. — Les jeunes gens oisifs. — Raisons qu'ils donnent. — Qu'ils se fassent agriculteurs ou soldats ! — La garde nationale mobile. — Une conscription du travail. — Ostracisme moral infligé aux paresseux et aux mauvais riches.

Après l'Exemple j'indiquerai le Travail.

Un état prospère doit être l'image d'une ruche laborieuse ou chacun s'emploie suivant sa force et ses moyens. En haut les travailleurs de la pensée dont l'apparente immobilité est celle de la boussole qui conduit le navire, en bas les innombrables travailleurs qui plantent, défrichent, fabriquent ou construisent.

Le travail c'est la vie, la force et la richesse de l'État ! Pour l'individu, c'est l'approbation de la conscience, l'intime contentement de l'âme, l'indépendance et l'estime publique.

Ami des bonnes mœurs, il développe les besoins de sociabilité; ennemi de l'égoïsme, il entretient le ressort des belles actions. Celui qui s'y livre se soustrait au triste joug du luxe, et son âme noblement occupée devient incapable des petitesses de la vanité. Dans ses rares instants de repos, il fuit les plaisirs de convention pour goûter les joies véritables.

Le travail c'est donc aussi le bonheur[1].

---

1. Après ce que je viens de dire du travail, ce sera modestie de ma part de placer ici la belle peinture qu'en a faite M. le Procureur général Cordoën dans son *Discours sur les jeux de Bourse*. On ne pouvait plus noblement opposer la grandeur de sa mission, son activité féconde, ses joies, aux entraînements du luxe. — « Le travail est la loi de l'humanité. Les progrès dont nous sommes si fiers, les découvertes des sciences, les merveilles des arts, les œuvres immortelles de la poésie et de l'éloquence, — ce patrimoine commun des nations, — c'est le travail qui a tout

Pour ceux qui y recourent après les orages d'une vie de dissipation et de luxe, le travail c'est le port.

M. C..., directeur d'une grande imprimerie des environs de Paris exclusivement occupée par un personnel féminin, apprit, un jour, qu'une femme galante venait de rompre avec sa vie passée, et que, pour donner le bon exemple à sa fille, elle essayait, sans y réussir, de vivre du produit de son travail. Il vint la trouver, paya ses dettes et l'emmena dans son imprimerie. Cette

---

fait... L'empereur Sévère, à son lit de mort, a donné l'invariable mot d'ordre des peuples qui veulent vivre, se développer et grandir : — Travaillons ! Sans travail, l'abondance même est stérile. Ne permettons pas au culte de l'or d'envahir toutes les âmes, le travail seul peut entretenir la vigueur des nations. Quel que soit notre but, à quelque hauteur que nous placions notre ambition, travaillons ! Dieu bénit les sueurs de l'artisan et l'effort du laboureur couché sur la terre, les veilles patientes du magistrat et les glorieuses fatigues du soldat qui donne ses forces, son sang et sa vie pour l'accomplissement modeste et ignoré du devoir. Le travail est la loi de Dieu et le maître du monde : il élève, il ennoblit, il fortifie tout ce qu'il touche. Succès trop faciles, fortunes trop rapides, tout est fragile et éphémère. Il n'y a de grand, de solide, de durable que ce que le temps et la peine ont consacré. »

femme devint bientôt une de ses plus habiles ouvrières.

La meilleure apologie du travail sera toujours d'opposer la satisfaction qu'il procure à l'ennui qui ronge les gens oisifs.

J'ai parlé ailleurs de ces jeunes gens [1] non dépourvus d'intelligence, ayant même appliqué leur esprit à des études sérieuses poussées plus ou moins loin, possédant les avantages de la naissance et de la fortune, actifs, bien portants, et qui cependant ne font rien! Inutiles à l'État, à charge à eux-mêmes, ils gaspillent leur jeunesse, — cette puissance confiée à l'homme pour un temps si court! — engourdissent leur intelligence et ne vivent plus que par les sens. On les rencontre promenant dans nos grandes villes, à des heures convenues, leur visage ennuyé et leur mise excentrique; les courses, la chasse, le commerce des filles, le soin d'eux-mêmes sont leur seule occupation. Ils habitent au cercle, au café ou au

---

1. Voyez page 159.

club ; on ne les rencontre jamais dans les lieux où l'âme s'élève au contact de l'art ou de la pensée.

Pour justifier cette vie inutile, ils déclarent ne pouvoir servir un Régime qui n'est pas le leur, et, en attendant leur Prince, ils se croisent les bras !

Le gouvernement, appréciant ce qu'ils valent, ne se montre point, il est vrai, empressé de réclamer leur concours ; mais il ne leur ferme ni ses écoles, ni surtout la carrière accessible à tous et chez nous trop peu en faveur de l'initiative privée. Qu'ils ne sollicitent pas d'emplois publics et s'éloignent même systématiquement des examens qui y conduisent, qu'ils se tiennent à l'écart du mouvement politique fait autour d'un drapeau, personne ne songe à les en blâmer : on se passera d'eux ; mais que, du moins, dans leur propre intérêt, ils ne demeurent pas les bras croisés au milieu de l'activité générale, qu'ils se fassent artistes, écrivains, agriculteurs, commerçants, orateurs ou soldats[1] !

---

1. La nouvelle loi militaire, par l'organisation de la garde na-

Le spectacle de l'oisiveté cause autant de mal que l'exemple du travail peut faire de bien. Une société dans laquelle une classe travaillerait sans relâche tandis qu'une autre classe se reposerait toujours, serait menacée de perdre son équilibre.

Ceux qui travaillent n'ayant plus d'autre ambition que de partager le sort de ceux qui ne font rien, un jour viendrait où cet état mal équilibré pencherait sur l'abîme comme un bâtiment dont on aurait mis tout le lest d'un côté. La production ne se trouverait plus en rapport avec la consommation, la torpeur gagnerait cette société malade par excès de richesse, elle ne saurait plus ni se nourrir ni se défendre; et bientôt, sans même que le monde s'en aperçût, elle disparaîtrait, absorbée dans quelque nationalité nouvelle.

On ne peut adresser, d'une manière absolue,

---

tionale mobile, soumettra à l'avenir la plupart de ces jeunes gens à un service transitoire. Ce sera tout au moins une interruption à leur vie inutile. A ce point de vue la loi produira un heureux effet, dont les conséquences sociales et morales ne me paraissent pas avoir été suffisamment mises en lumière par ceux qui ont eu à en apprécier la portée.

le reproche de paresse à notre génération, son caractère distinctif étant au contraire une fiévreuse activité; mais on reconnaît les ravages du luxe à cette circonstance que toute notre activité se tourne presque exclusivement vers la possession de la richesse considérée par le plus grand nombre comme le droit de se reposer.

Un auteur[1] a proposé une manière aussi neuve qu'originale de moraliser le luxe par le travail.

« — Quand un homme aura vingt et un ans, l'État viendra le trouver et lui dira : — « Mon-
« sieur, quelle carrière avez-vous embrassée ?
« Que faites-vous pour les autres hommes ? —
« Rien, monsieur ! — ... Voulez-vous travailler ?
« — Non, monsieur, je ne veux rien faire. — Très-
« bien, vous avez donc une fortune ? — Oui, mon-
« sieur. — Eh bien, monsieur, vous êtes libre de
« ne pas travailler; mais alors il faut prendre un
« remplaçant. Vous allez nous donner tant par an,
« pour que des gens qui n'ont pas de fortune

---

1. A. Dumas fils.

« travaillent pour vous, et nous allons vous déli-
« vrer une carte de paresse avec laquelle vous
« pourrez circuler librement. »

Le remède n'est pas sérieux, mais le trait est juste; il part de cette pensée salutaire que le travail guérit le luxe.

J'ignore si le luxe naît plus habituellement de l'oisiveté, ou l'oisiveté du luxe; mais je sais que l'oisiveté et le luxe se tiennent étroitement, et qu'ils sont également habiles à corrompre le cœur de l'homme. Aussi, après l'exemple de la simplicité, l'émulation du travail sera une ressource puissante pour le combattre.

Parmi les moyens secondaires, je citerai une sorte de proscription morale qu'un accord tacite des honnêtes gens infligerait à la richesse acquise par des moyens malhonnêtes.

« Il faut, — a dit un Magistrat [1], — organiser comme une ligue de l'honneur public, et faire,

---

1. M. Oscar de Vallée, — les Manieurs d'argent.

par l'opinion, autour de ceux qui ne s'enrichissent pas honnêtement, et qui recourent à des moyens illicites et usuraires, comme un cercle de disgrâce morale. Je voudrais qu'ils fussent tenus à l'écart, loin des gens de bien, dans l'attitude de l'isolement et du mépris. On leur dirait : — « Gagnez au jeu l'argent d'autrui; devenez riches « sans travailler, la liberté peut avoir ce singulier « effet ; dépensez comme il vous plaira la « fortune acquise de la sorte; ayez le luxe le « plus éclatant et le moins délicat; créez, par « une émulation fiévreuse, une hausse énorme « sur toutes les immoralités ; soyez aux pre- « mières places de tous les plaisirs, mais vous « n'entrerez pas chez les honnêtes gens! » — Beaucoup se moqueraient de ce châtiment, mais pas tous! »

Cette pensée que la contagion du luxe pourrait être, sinon arrêtée, du moins diminuée par l'isolement social de ceux qui le propagent, forme le sujet de l'une des meilleures pièces de notre théâtre moderne : — *la Question d'argent*.

L'auteur y montre un homme enrichi par des

spéculations équivoques, cherchant, mais en vain, à s'ouvrir accès dans la société des honnêtes gens.

Cette leçon serait d'autant meilleure que nous confondons trop souvent dans les mêmes égards la richesse fruit de l'habileté, avec la fortune acquise par l'économie, la patience et le travail !

XVII.

Développons la *Charité!* — La charité incompatible avec le luxe. — Comment elle est entendue. — Une charité d'apparat. — Ce qu'elle doit être pour devenir un moyen de guérison. — La charité évangélique. — La jeunesse charitable. — Le bien qu'elle fait. — Les œuvres qu'elle fonde. — *L'OEuvre des faubourgs.* — *Les Fourneaux économiques.* — Les jeunes gens de la classe aisée venant dîner chez leurs pauvres. — Prélèvements exercés par l'industrie de détail sur l'artisan. — Le riche pourrait se faire l'épicier du pauvre. — Avantages que la société retire de la charité.

On peut aussi combattre le luxe par la charité. La charité lui est incompatible; elle prend naissance dans un cœur chaud et une âme noble, la même main ne peut à la fois secourir les malheureux et satisfaire aux mille exigences de sa fantaisie.

Il faut encourager la charité!

Rien n'est aussi dommageable à l'État que le spectacle donné par ceux qui, possédant les moyens de faire le bien, ne songent pas à s'en servir. Le riche n'est plus alors un homme bienfaisant auquel on confie volontiers le secret de sa misère avec l'espérance qu'elle sera secourue; il devient un étranger, presque un ennemi, un être vorace, égoïste et cupide qui, au lieu d'apaiser la faim du pauvre, contribue à l'aggraver par les excès mêmes de sa gourmandise : — sa consommation excessive causant en grande partie le renchérissement des choses.

La charité empêche ces désordres.

Dans les conflits sociaux elle est le grand conciliateur.

En allant sans cesse du riche à qui elle prend son superflu, au pauvre à qui elle le donne, elle fait le premier compatissant, le second reconnaissant, et lui inspire de la patience et de la confiance. Si elle ne parvient pas toujours à lui faire aimer la richesse, — ce qui est une suprême vertu, — elle lui en rend le spectacle tolérable. Elle est la digue contre laquelle viennent s'amortir ces furieuses tempêtes populaires qui emportent les hommes et les institutions.

La charité présente donc l'importance d'une garantie sociale.

Son action grandit lorsqu'elle s'élève jusqu'à l'abnégation.

Le riche qui se fait volontairement le banquier, l'ami, l'appui, le conseil du misérable son frère, qui ne compte ni son argent, ni son temps, ni sa peine, et se montre prêt à sacrifier au besoin sa vie, contribue plus à la tranquillité intérieure de l'État que toute la vigilance de la police, l'action dévouée de la force publique, la fermeté des magistrats.

Son dévouement inspire du respect, presque de l'attachement pour cette hiérarchie sociale où il occupe un rang dont on ne le voit se prévaloir que pour faire le bien. Aussi à sa voix le pauvre n'hésitera plus à défendre la société contre les attaques d'une plèbe turbulente et malhonnête.

Le bon exemple d'un seul fera tolérer beaucoup de scandales!

Mais tel n'est pas l'usage que nous faisons le plus habituellement de notre fortune; aussi le résultat heureux que je signale est-il loin d'être atteint, et la société, quelles que puissent être nos illusions, sent toujours, au-dessous d'elle, un volcan qui gronde.

Vainement on objectera que la charité ne peut guère être plus développée, on énumérera les institutions de bienfaisance dues soit à l'initiative publique, soit à l'intervention privée; on relèvera sur la statistique les sommes qui passent, chaque année, des mains du riche dans celles du pauvre.

Tout cela ne suffit pas encore!

Inscrivez à côté de ces chiffres le nombre des riches, faites ensuite le dénombrement des pauvres, et vous verrez que c'est bien peu!

La charité que je demande n'est pas cette charité officielle ou officieuse qui marchande son aumône et ne sait la cacher. Il y a même une charité pompeuse qui, loin d'être hostile au luxe, devient son auxiliaire en jetant, comme autrefois les souverains à leur joyeuse entrée, l'or au hasard et sans regarder. Ces largesses tombent mal généralement; et il est telle façon de donner qui devient un outrage.

Les journaux prennent de temps à autre la peine de nous apprendre qu'un riche, absorbé par les mille soins de sa vie futile et luxueuse, a fait remettre par son intendant ou son caissier un sac d'argent ou une liasse de billets de banque au bureau de bienfaisance de son arrondissement, qu'il a souscrit à une œuvre charitable.

Ou il se rend à une vente de bienfaisance pour y faire, au profit des pauvres, sa cour à la Duchesse de C..., à la Princesse de N.... Au besoin il trouve le temps de paraître dans une église à la mode, et jette un louis dans la bourse d'une quêteuse élégante.

A Dieu ne plaise que je songe à blâmer cette charité mondaine! on pourrait faire un plus mauvais emploi de sa richesse; quels que soient les motifs qui engagent à donner, l'indigent en profite. Seulement, ce n'est point là cette charité féconde, capable de guérir l'excès du luxe.

Celle-ci s'exerce sans intermédiaires; elle se montre délicate, ingénieuse, prévoyante, et s'oublie au profit d'autrui.

Nous la voyons pratiquée par une jeunesse d'élite, dont l'infatigable dévouement compense la vie oisive de cette autre jeunesse dont on ne saurait trop flétrir les désordres.

Ces jeunes gens ne sont ni énervés par la mollesse, ni épuisés par la débauche; leur cœur est chaud, leur âme compatissante, ils possèdent tous les secrets de la charité et savent combien la façon dont on la fait en augmente le prix. Ils se montrent ingénieux à épargner au pauvre des démarches pénibles, — démarches dont, à la longue, le caractère se ressent, et lui évitent la peine de demander son pain en venant le lui offrir. Ils pénètrent peu à peu et sans indiscrétion dans l'intimité de sa vie, désarment sa défiance en s'associant à ses peines, à ses épreuves si nombreuses, à ses joies si rares, et lui apportent, avec les secours matériels, quelque chose de meilleur, — l'assistance morale.

On doit à leur initiative des fondations qui doublent les moyens de la charité par l'association.

D'abord l'*OEuvre des faubourgs*, dont l'objet est de déverser sur les quartiers pauvres le superflu des quartiers riches; ensuite les *Fourneaux économiques* à l'aide desquels il est possible, durant les hivers rigoureux, et à l'époque de la plus grande cherté des vivres, de livrer aux indigents du bouillon, de la viande, des légumes, qu'ils ne payent pas, ou achètent à vil prix.

Le pauvre est ombrageux par nature, souvent ingrat. Pourquoi lui en vouloir? n'est-il pas naturel que le malheur nous aigrisse? Pour lui faire un peu de bien il faut se donner beaucoup de peine et ne se décourager jamais! Lors de la fondation des fourneaux économiques, les familles indigentes montrèrent de la répugnance à s'y approvisionner; alors les jeunes fondateurs vinrent, plusieurs jours de suite, prendre leurs repas en commun au fourneau de leur quartier : cette démarche assura le succès de l'œuvre.

Il est une autre fondation, à la fois charitable et moralisatrice, que je voudrais voir instituer dans nos grands centres de population.

L'artisan dépense son salaire au jour le jour et n'a jamais d'avances; il ne peut acheter qu'au détail et en petites quantités; s'il tombe malade, il se trouve arriéré pour longtemps, et a besoin de crédit.

On ne peut imaginer l'importance du prélèvement que certaines industries de détail exercent sur l'ouvrier. Il paye ses consommations un tiers en plus que nous.

On pourrait lui éviter cette fausse dépense, et mettre en même temps fin à un gain immoral, en réunissant un capital qui ne demanderait même pas à être très-considérable et serait uniquement employé à acheter en gros, dans le temps favorable, aux conditions les plus avantageuses, à payer au comptant, en profitant de la remise du commerce, les denrées communes nécessaires à son alimentation. On les lui vendrait au prix de revient, et le riche deviendrait de la sorte l'épicier désintéressé du pauvre.

De telles œuvres ne tardent jamais à être fécondes!

La charité est la mise en pratique de l'Évangile dans ce qu'il a de meilleur. La satisfaction qu'elle procure rend méprisables les jouissances du luxe, et la société dispose par elle d'un puissant levier contre la corruption des mœurs, — levier dont manquait la société antique.

Elle est la science morale des compensations. Avec la charité la fortune devient une lettre de change tirée par le pauvre sur le riche. Le banquier est Dieu. Nous avons au ciel notre compte courant; tâchons — pour nous-mêmes et dans l'intérêt général — que l'article bienfaisance fasse oublier l'article prodigalités!

XVIII.

L'Agriculture hostile au luxe parce qu'elle fait naître le goût de la simplicité. — Elle remplace le faste par les dépenses utiles. — *Ramenons les hommes à la terre !* — Attraction exercée par la ville sur la campagne. — Encore des chiffres! — Les industries de luxe. — La domesticité, foyer de corruption et d'abaissement moral. — Ce qu'elle était autrefois. — Ce qu'elle est devenue. — Elle est contraire au développement de la population. — Encouragements à l'Agriculture. — L'Empereur et la Princesse Baciocchi. — L'avenir est à la terre. — Vidons les villes au profit des campagnes. — Premiers résultats heureux. — Le citadin propriétaire rural. — La salutaire influence des champs finira par l'emporter sur la corruption de la ville. — Les paysans en 1848. — En 1813 et 1814.

Un autre moyen, également efficace pour atteindre le luxe, c'est d'encourager l'Agriculture.

« Ramenons les hommes à la terre, — écrivait

l'Avocat général Servan, celui que Voltaire appelait l'Avocatg énéral de l'humanité — le luxe chasse les hommes des campagnes dans les villes, et des villes dans la capitale, les uns pour servir, les autres pour commander, tous pour s'y corrompre. Ce qui forme un État, ce sont les hommes et le terrain, or la culture seule réalise la propriété, il ne faut donc pas enraciner dans la terre le blé, le mûrier ou la vigne, mais l'homme; ce sont ses deux bras qu'il faut planter[1]. »

L'Agriculture exerce bien réellement une action directe sur le luxe, dont un des plus pernicieux effets a toujours été l'abandon des campagnes pour la ville[2].

---

1. Discours sur les Mœurs.

2. Je relève dans l'excellent ouvrage de M. Batbie cette statistique véritablement effrayante. De 1836 à 1846 la population des campagnes a perdu 2,626,300 habitants ; environ le douzième de la population de la France. Si on rapproche le recensement de 1856 de celui de 1851, on trouve que cinquante-quatre départements ont été privés d'une partie de leurs habitants. Trente ont éprouvé une diminution de plus de 5,000; pour seize la perte a dépassé 16,000. La Haute-Saône a perdu 36,000 âmes sur 347,000, c'est-à-dire environ le dixième ; dans l'Ariége, le déficit a été plus sensible puisqu'il a atteint au chiffre de 16,000 sur 265,000 habitants. Les départements où l'émigration est la plus

Les industries de luxe plus payées, et, en apparence, moins fatigantes que le travail des champs, attirent dans les grands centres les populations rurales[1].

prononcée sont les départements pauvres, excepté la Normandie où la diminution de population s'explique par la proximité de Paris. Pendant ce temps, la population du département de la Seine, qui était en 1851 de 1,422,000 habitants, augmentait en cinq ans de 305,000, et atteignait, en 1856, à 1,727,000. En 1861 elle s'était encore accrue de 226,000 habitants, et se trouvait portée à 1,953,660 âmes. De telle sorte qu'elle a grossi de 531,000 âmes en dix ans. Dans la banlieue la progression a été plus forte. La seule commune de Montmartre est passée, en dix ans, de 6,000 à 60,000 âmes. En 1851 il n'y avait en France que neuf villes de plus de 50,000 habitants; en 1856, on en comptait dix-neuf. Les villes ayant plus de 20,000 âmes se sont élevées dans cette même période du chiffre de 34 à celui de 79.

1. Condillac a bien saisi les causes économiques et les suites fâcheuses de cette émigration lorsqu'il a dit : — « Il n'est pas douteux, que les sommes que nous dépensons en meubles, en équipages, en bijoux, ne commencent par enrichir l'ouvrier; elles l'accoutument à des jouissances qui sont un luxe pour lui, et ces jouissances excitent l'envie ou l'émulation de tous ceux qui se flattent de réussir dans le même métier. En effet, comme cet ouvrier est un paysan dont tous les parents sont laboureurs, sa condition améliorée fait voir à tout son village combien l'industrie dans les villes a d'avantages sur les travaux de la campagne. On désertera donc les villages. Sur dix paysans qui auront pris des métiers, un seul réussira et neuf ne gagne-

Elles s'y entassent, y souffrent et s'y démoralisent.

Que l'activité toute factice produite par les consommations de luxe, les travaux de construction et d'embellissement qui sont le signe ostensible de la prospérité des villes viennent à se ralentir un seul jour, et voilà des milliers de bras sans ouvrage, en butte à tous les mauvais conseils de la faim, — de la faim assistant à l'irritant spectacle des profusions de la richesse !

La concurrence sans bornes à laquelle donnent lieu les emplois de la ville abaisse outre mesure le taux des appointements et des salaires, tandis que la rareté des bras dans les campagnes y fait monter à l'excès le prix de la main-d'œuvre : — la ville et la campagne souffrent toutes deux de ce manque d'harmonie.

En tête des causes de cette émigration, je

---

ront pas de quoi vivre. Il y aura donc dix hommes de perdus pour l'agriculture, et neuf pauvres de plus dans la ville. »

Le Commerce et le Gouvernement, chap. XXVII.

signalerai la domesticité, — foyer de corruption et d'abaissement moral, plaie vive de notre civilisation; la plaie se creuse à mesure que les exigences du luxe augmentent.

La pire existence des champs, la plus misérable, la plus éprouvée, sera toujours préférable à la condition du domestique.

Autrefois, du moins, elle était anoblie par le dévouement. Le domestique entrait jeune au service de ses maîtres et contractait un engagement pour la vie; il vivait avec eux dans une familiarité respectueuse, les servait autant par attachement que par intérêt. Il voyait naître les enfants, les élevait, les voyait grandir, et, — vert encore, — les servait à leur tour. Les enfants se montraient indulgents pour sa vieillesse comme leur père l'avait été pour son inexpérience. Il y avait entre eux solidarité de souvenirs. Le serviteur s'intéressait à cette maison qu'il regardait comme sienne, s'enorgueillissait de sa prospérité, s'affligeait de ses revers, et, au besoin, exposait sa vie pour ses maîtres.

Nos mœurs ont changé ces anciens usages.

Parmi le grand nombre de jeunes garçons et de jeunes filles accourus chaque année à la ville pour y servir, il n'en est pas un seul qui s'arrête à la pensée de trouver une bonne maison où il pourra se placer pour longtemps, pour toujours peut-être. Ils se préoccupent peu de la personne, beaucoup du gage; et, comme l'intérêt seul les guide, on les voit changer de condition aussi facilement que d'habits!

Les maîtres, ne se croyant plus en droit de compter sur le dévouement de leurs domestiques, les traitent avec hauteur, — en étrangers qui vendent chèrement leurs services.

La rigueur a pris la place de la confiance.

Le domestique, initié par les détails de son service, aux mille raffinements d'une vie luxueuse, envie le sort de ses maîtres et se venge d'une apparente soumission en minant au dehors leur réputation et leur crédit.

C'est un ennemi que nous entretenons à notre foyer.

Il prend dans les antichambres des habitudes de paresse, et reçoit de mauvais conseils qu'il ne tarde jamais beaucoup à mettre en pratique. Aux heures bien rares où il lui est permis de jouir d'une liberté passagère, il fréquente le café, les mauvais lieux, et dissipe son argent plus vite qu'il ne le gagne.

La vie de famille lui est, dans la plupart des cas, interdite, — ce qui fait que le luxe, en développant outre mesure la domesticité, apporte une entrave nouvelle à l'accroissement de la population.

Peu de maîtres consentent à avoir des domestiques mariés, soit qu'ils craignent que les soins d'un ménage ne les détournent de leur service, ou qu'ils redoutent entre le mari et la femme un accord contraire aux intérêts de la maison.

Le sort des domestiques mariés n'est au reste guère meilleur; le maître qui consent à les prendre ou à les conserver exige qu'ils se séparent de leurs enfants à leur naissance, et qu'ils les fassent élever au loin.

C'est, en les privant de leurs caresses, leur enlever le plus net de leurs bénéfices.

Aussi l'intérêt des domestiques — intérêt qu'ils ne savent que trop bien entendre! — est-il de ne pas avoir d'enfants.

L'Empereur a entrevu le danger social de l'accroissement des villes au détriment des campagnes, les souffrances qu'il cause, et l'a efficacement combattu en améliorant le sort de l'habitant de la campagne et en opposant aux progrès du luxe les progrès de l'Agriculture.

Il a assuré à la terre une vie nouvelle par la fondation d'institutions de crédit qui lui fournissent ce dont elle a le plus besoin après des bras : — le capital.

En même temps, il lui prodiguait les exemples, les encouragements, les récompenses. Jamais, depuis Sully, l'Agriculture n'a été plus en honneur[1].

---

1. Une enquête, ouverte pour mieux connaître ses besoins, a établi que, depuis trente ans, les salaires ont doublé tant à cause des grands travaux entrepris dans les villes, à Paris notamment, que par suite des progrès de la culture et des besoins de bien-être, même *de luxe,* qui ont pénétré dans les cam-

17.

Les Concours et les Comices — ces fêtes pacifiques des campagnes, — ont été rendus plus nombreux et plus solennels.

Partout où la culture est restée stationnaire, soit à cause du manque de bras, soit par suite de la pauvreté du territoire, des fermes-écoles ont été créées dans le but d'éclairer le cultivateur sur ses véritables intérêts, mais surtout afin de propager, par l'irrésistible enseignement du succès, l'emploi des bonnes méthodes. Sur les territoires infertiles de la Sologne et des Landes, l'Empereur a, par lui-même, fondé de vastes exploitations [1] pour étudier les qualités du sol et en tirer le

---

pagnes. Les mêmes raisons ont entraîné une diminution du personnel agricole. L'usage plus répandu des machines n'a exercé aucune influence sur l'émigration, l'ouvrier de bonne volonté étant toujours certain d'avoir de l'ouvrage. Si son niveau moral s'est élevé, grâce au développement de l'instruction, ses rapports avec ses maîtres sont plus tendus et plus difficiles; l'ouvrier agricole, beaucoup mieux payé, se montre tout à la fois plus exigeant et moins laborieux ; lui aussi a subi, — quoique d'une façon moins fâcheuse parce qu'elle est plus éloignée, — l'influence mauvaise de la ville.

1. Les domaines impériaux de *la Grillaire* et de la *Mothe-Beuvron* en Sologne, de *Solferino* à Mont-de-Marsan.

meilleur parti. Dans l'antique et sauvage Armorique, qui n'a pu encore dessécher tous ses marais, défricher ses landes, ensemencer ses terres vaines et vagues, il s'est fait représenter par une Princesse de son sang [1]; et on n'a pas tardé de voir ce que peut, pour régénérer le sol le plus ingrat, le travail persévérant secondé par une volonté forte, unie à une rare intelligence.

L'exemple de Korn-er-Hoët ne sera pas perdu pour la Bretagne.

L'avenir appartient à la terre!

L'Agriculture, grâce aux attentions intelligentes et multipliées du gouvernement, est devenue de mode; — la mode nous devait bien cette compensation à tout le mal qu'elle nous fait!

Autrefois, pour le cultivateur, la terre était la servitude; aujourd'hui elle est le but de son activité, le prix de ses sueurs, la consécration de son indépendance. Il travaille sans repos à l'acquérir.

---

1. S. A. I. Madame la Princesse Baciocchi.

En même temps, la classe aisée commence à émigrer vers la campagne. Le citadin, las du fracas et du tourment des affaires, se plaît dans la possession d'un domaine rural d'une importance proportionnée à son revenu.

Ce retour à la terre est un signe d'affranchissement et de confiance, une garantie de stabilité. Signe d'affranchissement, parce que l'homme attaché au sol offre moins de prise aux servitudes matérielles ou morales; — de confiance, car le premier acte du propriétaire qui n'a pas foi dans l'avenir consiste à convertir la terre en argent, le capital n'ayant qu'à se cacher pour se soustraire au pillage, aux réquisitions, à l'impôt, en un mot à toutes les exigences de la conquête ou du despotisme. — Garantie de stabilité enfin, parce que celui qui possède se trouve intéressé par cela seul au maintien de l'ordre, à la défense du gouvernement, et que les passions antisociales ou hostiles à la propriété n'ont plus de prise sur lui.

Les maisons de plaisance élevées de toute part sur le sol de la France sont la manifestation matérielle de ce mouvement.

Bon nombre de jeunes gens riches ont déjà mis fin à une vie de désordres pour se consacrer à l'amélioration de leurs domaines.

En adoptant les mœurs rustiques, ils se sont soustraits aux entraînements du luxe; en remplaçant les prodigalités ruineuses par une dépense productive ils contribueront à enrichir l'État. Leur oisiveté se change en activité; ils sont devenus des hommes utiles.

D'un autre côté, si, à la ville, la classe riche et la classe pauvre vivent, le plus souvent, étrangères l'une à l'autre, comme deux fleuves qui suivraient parallèlement la même vallée sans confondre leurs eaux, — la charité pouvant seule opérer un rapprochement; à la campagne, la classe riche et la classe pauvre se trouvent en contact. Dès que le propriétaire foncier se rapproche du colon, il se rend mieux compte de ses besoins, et, voyant de près ses souffrances, il s'empresse de les secourir.

Par cela seul que le riche apprend le chemin de la demeure du pauvre, il trouve plus facilement aussi l'accès de son cœur.

De part et d'autre on se connaît mieux, et, dans

les dangers publics, on s'unit au lieu de se combattre. Aux sanglantes journées de Juin, les campagnes marchèrent sur Paris, ayant les grands propriétaires à leur tête.

La sécurité de l'avenir est dans le maintien de cette bonne entente !

Une des causes du soulèvement des campagnes en 1793 fut, — en dehors des scandales du luxe et des excitations parties des villes, — la présence dans les châteaux des intendants y commandant en maîtres. Le paysan haïssait son seigneur à cause de la dureté, de la bassesse, de la lubricité et des rapines de son représentant.

Dans les provinces du Midi et de l'Est, où le sol, entièrement possédé par quelques opulents seigneurs qui en dissipaient les revenus à la cour, était régi par des intendants d'autant plus avides qu'ils se trouvaient loin de l'œil du maître, le soulèvement des paysans fut cruel et dévastateur. Dans la Vendée et en Bretagne où le sol était plus divisé, où une aristocratie plus nombreuse et moins riche vivait rustiquement sur ses terres en familiarité avec ses paysans, ceux-ci s'insurgèrent pour défendre leurs seigneurs contre les décrets de la Convention.

Aux bienfaits dont ce retour de la classe intelligente vers la vie rustique deviendra la cause, je ferai une réserve.

Ce sera lorsque la campagne verra venir à elle un industriel enrichi par un lucre malhonnête, un agioteur obscur dont la richesse se sera fondée sur la ruine d'autrui, ou quelque escroc assez habile pour avoir échappé à la vindicte de la loi. Il sera toujours à craindre que ces nouveaux venus n'apportent avec eux la corruption de la ville et non ses lumières. La possession du sol n'est à leurs yeux qu'un moyen d'obtenir la considération : ils croient qu'elle s'achète comme tout le reste !

Le séjour à la campagne ne leur apparaît pas comme un moyen de se rapprocher des émotions vraies de la nature, ou d'employer leur richesse en améliorations utiles. Ils conservent leur morgue de parvenus, leurs préjugés, leurs mœurs dissolues, leur égoïsme, leur scepticisme en face de l'œuvre de Dieu, et sèment autour d'eux un mauvais germe qui ne fructifie que trop par la contagion de l'exemple !

On se rend compte du mal que de pareils hommes peuvent faire, en opposant l'état moral de la banlieue des grandes villes, envahie presque exclusivement par les nouveaux enrichis aux mœurs honnêtes et simples des habitants des campagnes retirées où, depuis des siècles, la terre se perpétue entre les mains des mêmes familles qui tiennent à honneur de ne pas s'en dessaisir.

Pourtant il arrive quelquefois que ces transfuges de la ville prennent goût aux occupations des champs. La bienfaisante influence de l'air libre régénère leur mauvaise nature, et ils deviennent à leur insu, souvent malgré eux, des agents moralisateurs.

Me trouvant cet automne à un Comice des environs de Paris, j'entendis proclamer, à la tête des lauréats du concours, avec les noms les plus considérables, celui d'une femme qui, après avoir mené à Paris une vie scandaleuse, y a fait fortune en fondant avec luxe une maison de prostitution.

L'influence heureuse de la campagne l'a emporté cette fois sur l'action pernicieuse de la ville; la fille perdue s'est métamorphosée en un intelligent agriculteur.

Je voudrais voir les villes se vider au profit des campagnes; moins de population entassée dans les unes, plus d'habitants dans les autres. La moralité, la santé, la richesse publique, y gagneraient à la fois.

L'impulsion est donnée, il est certain qu'elle sera suivie, et le bon sens conservateur de la campagne sera plus en force désormais pour contre-balancer l'esprit inconstant et novateur des grands centres de population.

La campagne donnera l'exemple à la ville, et ne le recevra plus d'elle; au besoin elle lui donnera des leçons de patriotisme et de fidélité au drapeau. N'a-t-on pas vu, en 1813 et 1814, alors que l'ennemi franchissait de toute part nos frontières, les grandes villes où régnait le luxe résister faiblement ou même ouvrir leurs portes, tandis que dans les montagnes du Jura, les défilés des Vosges, en Bourgogne, dans les plaines de la Lorraine et de la Champagne, le paysan abandonnait sa chaumière, vouée à l'incendie et au pillage, s'armait de fourches, de faux, de bâtons, de fusils hors de service, et venait, avec toutes les nobles fureurs du patriotisme, disputer pied à pied le sol sacré de la patrie!

XIX.

L'impôt — S'il ne guérit pas le luxe, du moins il le moralise.
— Manière de le répartir. — Mieux vaut le faire porter sur
les riches que sur les pauvres. — Un portrait de Charles Ier
d'Angleterre, par Vélasquez, entre les mains d'une mendiante.
— Du vin à 133 francs la bouteille. — Un impôt sur le jeu.
— Combien on compte de billards à Paris. — Vauban et les
perruques. — Nous avons déjà des impôts sur le luxe. —
Impôts sur le tabac, les cartes à jouer, etc. — Taxe sur les
chiens, les chevaux et voitures. — Les impôts somptuaires
ne blessent pas les règles du droit nouveau. — Ce qu'en pensait la République. — Opinion des hommes d'État et des jurisconsultes.

Il y a enfin, pour ne rien omettre, — tant l'ennemi paraît menaçant, — une dernière ressource
à laquelle on pourrait peut-être recourir, res-

source indirecte qu'il convient d'indiquer comme sujet d'étude plutôt que comme un moyen certain.

Cette ressource, c'est l'impôt.

Un impôt modéré, ne frappant pas indifféremment tous les objets de luxe mais seulement certaines manifestations ou plutôt certaines consommations de la richesse, semblerait à la fois équitable, opportun et politique.

Équitable, parce qu'il n'atteindrait que le superflu et ne causerait au public aucun dommage.

Opportun, en ce qu'il arriverait dans un moment où l'on est fondé à craindre que les dépenses de luxe ne dépassent bientôt toute mesure.

Politique enfin, parce que si, contre notre attente, il n'avait pas pour conséquence de guérir du luxe, il le moraliserait tout au moins, en le faisant contribuer au bien-être de l'État.

« Il vaut mieux, — a dit J. B. Say avec tous les économistes[1], — que l'impôt porte sur des consommations à l'usage des riches que des pauvres,

---

1. *Cours d'économie politique,* t. V, chap. xi, p. 94, et t. VI, id.

et sur des objets d'une utilité secondaire plutôt que sur ceux d'une utilité première. Si les dépenses du luxe sont fâcheuses, il est en général utile de les frapper de l'impôt. »

Je ne me dissimule pas les objections qui naissent à ce seul énoncé.

Les impôts somptuaires ne sont pas en crédit, et l'opinion publique pousse même si loin la défaveur, qu'elle verra d'un meilleur œil l'État recourir aux emprunts, plutôt qu'à une taxe sur le luxe : pourtant la première mesure appauvrira toujours le Trésor, tandis que la seconde ne pourrait que l'enrichir.

On objecte qu'une semblable taxe ferait revivre en France les anciennes distinctions de classe, qu'elle se rattache à un système politique aboli et pourrait rappeler l'arbitraire des mauvais jours, qu'elle est incompatible avec le principe même de l'impôt dont la règle invariable doit être l'égalité et l'universalité.

Il suffirait, pour qu'elle fût équitable et ne

devînt jamais vexatoire, pour qu'elle ne portât atteinte ni aux principes d'égalité, ni à l'économie générale de nos lois de finance, de distinguer entre le luxe proprement dit et les consommations de la richesse.

Autant, dans le second cas, sa perception sera légitime, autant dans le premier elle serait rigoureuse.

Il peut arriver que, sans être véritablement riche, on tienne de la générosité d'un ami, de sa famille par héritage, de la reconnaissance de ses concitoyens, un meuble de luxe, un mobilier précieux, de l'argenterie, de la vaisselle plate, une statue, un tableau, et que l'on attache à leur conservation un intérêt d'affection, de respect, d'amour-propre ou de souvenir.

Ce culte est respectable; surtout à une époque où chacun calcule avec avarice ce que peuvent rapporter les choses afin d'en tirer un revenu !

On citait, il n'y a pas longtemps, à Venise, une vieille femme infirme, issue d'une maison illustre, réduite alors à une position misérable, qui conservait, en face de son grabat, le portrait de son allié Charles Ier d'Angleterre par Vélasquez.

L'impôt, même minime, qui eût frappé cette toile, eût pesé lourdement sur son possesseur et d'une manière disproportionnée avec ses ressources; dès lors il eût été inique dans son application.

D'un autre côté, un impôt portant indistinctement sur tous les objets de luxe pourrait préjudicier au libre développement de l'Art. Cette crainte seule suffit pour le faire rejeter.

Les beaux-arts sont la parure des Empires, auxquels ils assurent une gloire plus durable et plus noble que le succès des armes.

Mais les beaux-arts seraient-ils donc menacés si, à l'exemple de ce qui se pratique en Angleterre et dans d'autres pays démocratiques comme le nôtre, on frappait d'une taxe modérée les livrées, le luxe des attelages, les domestiques mâles lorsqu'ils dépasseraient le nombre de deux, — ce qui constitue plus que l'aisance, — certaines nouveautés et colifichets de fantaisie?

L'impôt, pour ne pas mentir à son principe d'égalité, atteindrait le luxe partout où il en rencontrerait la manifestation exagérée ou nuisible.

Il y a un mauvais luxe pour l'artisan comme pour le financier.

Le mauvais luxe de l'ouvrier consiste dans les dépenses de jeu et de cabaret.

Le cabaret est déjà atteint par l'impôt; je n'ai donc pas à en parler, si ce n'est pour établir qu'un impôt sur les consommations de luxe, s'il peut quelquefois atteindre un but moral, ne préjudicie jamais aux intérêts du Trésor. La prospérité de la taxe sur les boissons a même cette conséquence fâcheuse qu'elle rend l'administration facile à l'excès pour l'ouverture de débits nouveaux, alors que toutes les misères du peuple, ses soulèvements, ses colères, la plupart de ses crimes ont le cabaret pour cause.

Le jeu n'est pas atteint par l'impôt.

Cependant aucune taxe serait-elle à la fois plus morale et plus juste?

Sa perception ne présenterait du reste aucune

difficulté. Il serait facile d'opérer, sur les parties qui se jouent dans les cercles, les cafés ou autres lieux publics, un prélèvement proportionné à la position sociale de ceux qui les fréquentent, — prélèvement analogue à ce qui a lieu pour les recettes des théâtres. Il serait, au reste, loisible à ces établissements de se soustraire au contrôle des agents du fisc en contractant un abonnement avec le Trésor.

On laisserait en dehors les jeux qui ne sont pas des jeux d'argent, sauf à les imposer le jour où ils le deviendraient : — les dames, les échecs, les dominos, le jeu du tonneau, les quilles, etc.

A la tête des jeux aujourd'hui répandus dans toutes les classes, et que l'impôt devrait atteindre de préférence, je citerai le billard.

On compte à Paris 30,000 billards répartis dans 12,443 cafés, estaminets, brasseries, débits de boissons. Ils rapportent en moyenne 10 francs par jour, — ce qui donne une recette quotidienne de 300,000 francs et annuelle de

109,500,000 francs. La population de la France étant vingt-trois fois plus considérable que celle de Paris, le chiffre total des billards serait de 690,000 environ, ce qui donnerait pour assiette à l'impôt une dépense de 2,518,500,000 francs.

On n'oublierait pas les productions nouvelles de la mode, sous la condition bien entendu qu'elles seraient étrangères à l'art. La taxe grandirait en proportion de l'inutilité et du prix de l'objet.

On pourrait y soumettre les bijoux et parures, les jouets d'enfants, lorsqu'ils dépasseraient un prix raisonnable, c'est-à-dire quand ces objets deviennent des caprices aussi dispendieux qu'inutiles, — le jeu de cricket, les vélocipèdes, etc., nouveautés destinées à vivre un jour et bientôt remplacées par d'autres que l'impôt viendrait également atteindre.

Je taxerais aussi la gourmandise.

Je trouve choquant, presque scandaleux, que du vin tel que le château-laffitte 1811 qui vient de se vendre aux enchères 133 francs la bouteille, paye la même contribution que du vin à trente sous le litre! Le riche vaniteux qui trouve simple de rafraîchir son gosier à raison de plusieurs louis le petit verre, pourrait bien ajouter à sa folie dix ou vingt francs pour l'État; ou, ce qui serait mieux, s'en abstenir entièrement.

Serait-il si mal venu l'impôt qui frapperait le luxe dans ses extravagances?

Vauban, ce grand homme de guerre et un de nos plus illustres économistes, — demandait que l'on mît un impôt sur les énormes perruques des hommes de son temps, mode à la fois malpropre, coûteuse et incommode.

« Cet impôt n'aurait pas fait entrer de grosses sommes dans le fisc; mais on pourrait citer beaucoup d'autres consommations inutiles, même dangereuses, qu'il serait possible d'atteindre [1]. »

Loin d'être déplacées dans notre organisation moderne, les taxes sur le luxe y trouveraient de nombreux précédents.

---

1. J. B. Say, *Cours d'économie politique*, t. VI, chap. XI.

La République, — à laquelle on ne pourra reprocher un excès de complaisance pour nos anciens usages, — regardait les impôts somptuaires comme justes, utiles et conformes au droit nouveau. La loi du 25 juillet 1795[1] imposait les chevaux, les domestiques, les mulets de luxe, valets et litières, les poêles et cheminées, — que l'on est quelque peu surpris de rencontrer dans une loi sur le luxe.

Ce fut sans doute en souvenir de l'Antiquité, dont elle ambitionnait de faire revivre les vertus simples, que la République inscrivit ces accessoires obligés des plus humbles demeures dans un climat changeant, au nombre des dépenses somptuaires.

Nous sommes actuellement soumis à un certain nombre de redevances sur le luxe qui, sous une autre désignation, — celle de contributions indirectes, se perçoivent avec l'approbation générale.

---

1. Reproduite dans les lois de finance des 14 thermidor an V, 25 fructidor an VI, et 3 nivôse an VII, — abrogée par la loi du 24 avril 1806.

Nous avons l'impôt sur les tabacs[1]. Le tabac, par cela seul qu'il n'entre ni dans la médecine ni dans l'alimentation, est une consommation de luxe, laquelle, en se généralisant, n'a pas tardé à former une des branches les plus productives du revenu public[2].

1. Loi du 28 avril 1816.

2. Il s'est formé, en France et en Angleterre, des associations contre le tabac. Le tabac est un luxe, mais il y en a de plus fâcheux. Lorsque je l'ai signalé comme un moyen de s'abrutir j'avais en vue ces jeunes gens inoccupés qui fument du matin au soir, moins par goût que par genre. Si le tabac, pris avec excès, fatigue l'estomac, paralyse le cerveau, exerce sur toute l'économie une action délétère; son usage modéré aide au travail de l'esprit et apporte un stimulant à la pensée. Il concourt aux fonctions digestives, est un tonique et un préservatif contre les miasmes dont nous sommes entourés ; pour les populations qui habitent les lieux humides ou le voisinage des marais, il est une Providence! Le tabac peut donc, à l'exemple des poisons qui tuent ou guérissent suivant la dose, être utile ou nuisible. Je préférerais des sociétés contre le luxe à des associations contre le tabac, quoique je ne croie pas à l'influence de l'association en de semblables matières. Mais il existe une drogue funeste, un poison subtil, — l'absinthe, que l'impôt devrait atteindre dans une proportion excessive, ou plutôt dont la loi devrait interdire absolument l'usage. L'importation de l'absinthe suisse en France était, il y a soixante ans, de six mille quintaux; elle s'élève actuellement à douze mille! Son action sur le cerveau multiplie les cas d'aliénation mentale, d'épilepsie, d'idiotisme. C'est à la

Nous avons l'impôt sur les cartes à jouer; le droit de garantie des matières d'or et d'argent [1]; les droits de chancellerie attachés aux dispenses d'alliances, changements de nom [2], concessions et collationnement de titres nobiliaires [3], aux autorisations indispensables pour porter un ruban étranger [4].

La loi du 2 mai 1855 soumet à l'impôt les chiens de luxe [5].

---

fois un soporatif et un stupéfiant. — L'absinthe pourrait bien devenir pour les Européens ce qu'est l'opium pour la race mongole!

1. Décrets du 1er germinal an VIII, et Arrêté du 19 floréal an VI, pour les cartes à jouer. — Loi du 19 brumaire an VI, art. 22, pour le droit de garantie des matières d'or et d'argent.

2. Art. 144, 145 et 161 du Code Napoléon. — Loi du 11 germinal an XI. — Loi du 21 avril 1838.

3. Décret du 8 janvier 1859, qui rétablit le conseil du sceau des titres.

4. Décret du 13 juin 1853. — On pourrait ajouter à cette nomenclature la poudre, dont l'État se réserve, ainsi que pour le tabac, la fabrication exclusive (loi du 13 fructidor an V); — et la taxe mise sur les ports d'armes par la loi du 3 mai 1844.

5. La défaveur qui s'attache en France aux impôts sur le luxe fut cause que cette mesure dut traverser trois régimes, dix sessions parlementaires, subir de nombreux et mémorables

Nous avons eu, du 2 juillet 1862 au 2 juin 1865, l'impôt sur les chevaux et voitures.

Je regrette pour ma part que des difficultés de détail, l'opposition des chambres, le mauvais vouloir des contribuables, aient entraîné sa suppression.

En effet, — comme le faisait sagement observer

échecs avant de se voir adoptée. — « Cette loi, — disait en dernier lieu le commissaire du gouvernement, — n'est pas somptuaire ; elle ne crée pas même, à vrai dire, un impôt, car elle a pour caractère de chercher à réduire le plus possible la matière imposable. Elle tend à substituer des moyens plus efficaces à des mesures de police dont l'expérience a démontré l'insuffisance. Son principal objet n'est pas le produit de la taxe, c'est la diminution des accidents occasionnés par la rage. Chaque année il périt en France environ 200 personnes victimes de cette terrible maladie ; en diminuant de moitié le nombre des chiens on pourrait sauver la vie à cent personnes par an, tout le monde aurait à s'en féliciter. Il y a en France de trois à quatre millions de chiens ; le prix journalier de leur nourriture peut être fixé à huit centimes, ce qui constitue une somme de 80 millions consommée par ces animaux ; l'effet de l'impôt réduira nécessairement la matière imposable et amènera ainsi l'économie des denrées consommées inutilement. »

Rapport de M. Lélut au Corps législatif. Séance du 2 mai 1855.

Malgré ces détours, la loi parut ce qu'elle était réellement, et ne passa qu'à une très-faible majorité.

l'habile Ministre chargé de défendre le projet, — sa conséquence ne pouvait être soit d'empêcher, soit de diminuer l'usage des chevaux et voitures, ou seulement d'imposer une gêne à leurs propriétaires.

Le maximum de la taxe était de 25 francs par cheval, 60 fr. par voiture attelée, soit 160 fr. pour une voiture à deux chevaux. L'entretien d'une voiture et de deux chevaux occasionne à Paris un déboursé annuel de 5,500 francs; une taxe de 110 francs en représente le cinquantième, soit 2 pour 100; on ne s'apercevrait réellement pas d'une augmentation de dépense, si au lieu de mettre dans son équipage 5,500 francs, il fallait y consacrer 5,610 francs [1]!

---

1. L'impôt sur les chevaux et voitures a éprouvé plus de vicissitudes encore que la taxe sur les chiens. Accueilli par le Corps législatif en 1856, il fut rejeté par le Sénat; présenté de nouveau dans la session de 1858, mais repoussé cette fois par le Corps législatif, il n'a été définitivement adopté en 1862 que pour être supprimé en 1865. — « En alléguant que l'impôt sur les chevaux et voitures est un impôt somptuaire, — disait M. Vuitry à la séance du 23 juin 1862, — veut-on dire par là que c'est un impôt établi sur un objet de consommation qui est en même temps un objet de luxe? Eh bien! oui, cela est vrai, et

Au reste, pendant l'existence de l'impôt, on n'a vu diminuer, ni à Paris ni dans les autres villes, le nombre des chevaux et voitures ; leur circulation, répondant à la progression du bien-être, s'était même accrue.

La taxe, qui ne comprenait que cent mille contribuables, rapportait cinq millions environ ; elle se serait élevée par la suite. Quelques-uns des impôts les plus productifs, — l'impôt sur les tabacs notamment, — ont eu ces commencements modestes.

« En matière d'impôt, il faut avoir beau-

---

sous ce rapport je n'hésite pas à dire que le caractère de l'impôt est bon, et que son principe est juste. De tous les impôts de consommation quels sont les meilleurs? Ce sont ceux dont sont frappées les consommations qui approchent le plus du caractère des consommations de luxe. » — Dans la même séance, M. du Mirail ajoutait avec beaucoup de raison : « Je ne comprends pas comment on peut contester le principe de justice de l'impôt en alléguant qu'il ne s'applique qu'à une classe de personnes, et qu'il n'atteint pas la généralité des contribuables. Mais est-ce que les divers impôts qui existent dans notre système financier atteignent tous la totalité des contribuables? Les impôts de consommation n'atteignent que ceux qui consomment. C'est une manifestation de la richesse qui est frappée par l'impôt. »

Moniteur du 24 juin 1862.

coup d'égards pour les grands et ne pas mépriser les petits; pour les Gouvernements économes, les plus faibles rentrées ne sont jamais méprisables [1]. »

Les Jurisconsultes, après les hommes d'État, ont approuvé le principe de la loi de 1862, et se sont montrés unanimes à en regretter la suppression [2].

---

[1]. Son Ex. M. Vuitry, au Corps législatif, — 23 juin 1862.

[2]. M. Duvergier s'exprimait ainsi sur la loi nouvelle : — « Si en imposant le luxe on empêche la production il faut s'abstenir, parce qu'alors on supprime le travail qui profite aux classes ouvrières, spécialement si la taxe sur les voitures et sur les chevaux en avait fait cesser ou seulement diminué l'usage on aurait eu raison de la supprimer; mais personne n'a jamais prétendu cela, et, dans la réalité, cela n'a point eu lieu. Il est étrange que l'on montre une si grande circonspection quand il s'agit d'établir un impôt sur le luxe, et qu'on n'hésite pas à établir ou à maintenir des impôts qui atteignent directement et certainement l'industrie dans la personne des ouvriers. Je suis convaincu que l'impôt sur les voitures était juste, qu'il n'atteignait pas le luxe d'une manière dangereuse. Je ne crois pas surtout qu'il faille adopter cette théorie absolue qui condamne tout impôt qui porte sur les manifestations de la richesse qu'on peut considérer comme des jouissances de luxe. »

Lois annotées, 1865, p. 362 et suiv.

M. Dalloz disait, de son côté : — « On a fait remarquer, avec

En me faisant, à mon tour, le défenseur d'un impôt modéré sur le luxe, — *incedo per ignes*; aussi ai-je tenu à appuyer mon opinion de celle des hommes éminents qui la partagent.

Je me trouverai désormais plus à l'aise pour proclamer après eux qu'un impôt sur le luxe sera toujours un bon impôt.

J'ajouterai que je le considère comme une ressource contre son excès.

juste raison, que si l'impôt doit, en général, être le prix d'un service rendu par l'État ou l'administration, cette justification ne saurait faire défaut à l'impôt sur les chevaux et voitures par suite de la circulation chaque jour croissante des chevaux et voitures sur la voie publique. »

Répertoire général, t. XLIV, p. 186, 464 et suiv.

XX.

Conclusion. — Le luxe ne peut être confondu avec le *Progrès.* — Définition du Progrès. — L'auteur s'est efforcé d'être vrai. — Destinée des Empires. — *Notre ennemi le luxe* n'est pas encore notre maître ! — La victoire sera le prix de notre bon accord. — Mission de la jeunesse. — État présent de la France. — L'Europe nous envie. — Travaillons à ne pas déchoir !

Les apologistes du luxe, le confondant volontairement avec le Progrès, ont dénoncé comme hostile au Progrès lui-même toute tentative qui aurait pour objet d'en arrêter l'abus.

Aucune critique ne pouvait être plus injuste.

Le luxe et le Progrès ne doivent pas être pris l'un pour l'autre.

Si le luxe est la maladie des États prospères, le Progrès en est la vie. C'est le souffle généreux qui pousse en avant le vaisseau de l'État, le phare qui le guide, le soleil qui l'échauffe; c'est la puissance rénovatrice, séve féconde, qui entretient et vivifie le corps social en lui assurant l'harmonie, la grandeur, la force et la durée.

En dénonçant les ravages du luxe, j'ai la conscience d'avoir rempli un devoir, mais j'éprouve le regret de n'avoir pu mettre au service de cette grande cause que des moyens bornés.

J'ai parlé de cœur, d'après ce que j'ai appris et ce que j'ai vu. Il y a des choses que je ne connais pas, d'autres m'auront échappé ; le lecteur suppléera à mon insuffisance.

J'ai voulu dire la vérité sans fard comme sans passion, je me suis efforcé de me tenir en garde contre l'exagération de certains esprits moroses qui proclament le mal sans remède, l'ennemi déjà vainqueur, notre civilisation perdue, et le soleil de la France à son déclin.

S'il m'est arrivé de sortir des justes bornes et de charger la couleur en croyant rendre le tableau ressemblant, je demande que l'on m'excuse, — surtout que l'on ne me soupçonne ni de misanthropie ni de mauvais vouloir contre la société, ou une classe sociale.

Si quelqu'un, après avoir lu ce livre, prenait la peine de me démontrer que j'exagère la portée du mal, aussitôt j'irais trouver cette personne, je me nommerais à elle et je l'embrasserais comme un ami porteur d'une bonne nouvelle.

Combien je souhaiterais de m'être trompé !

La destinée des Empires est entre les mains de Dieu.

Ils subissent la loi commune, naissent, grandissent, atteignent à leur apogée, puis déclinent et meurent, nourrissant de leur cendre des Empires nouveaux. Lorsque l'instant de la décadence est venu, aucune force politique, législative ou morale n'a le pouvoir de retarder cette fatale échéance.

Que sont devenus les Empires florissants des Égyptiens, des Mèdes, des Assyriens, des Perses, des Grecs, des Romains, des Turcs, des Chinois, des Arabes?

Grâce au ciel, l'ennemi qui a terrassé ces peuples, et qui actuellement nous menace, n'est pas encore notre maître!

Il a profité de notre incurie pour gagner du terrain, se fortifier dans ses conquêtes, en préparer de nouvelles; il nous presse de toutes parts, mais nous sommes en force, prêts à le combattre. Il suffira pour en venir à bout d'un effort fait avec entente et bonne volonté!

J'ai maintes fois signalé dans ce livre, à côté de ceux qui donnent de mauvais exemples, la présence de ceux qui pourraient en donner de bons; les seconds sont plus nombreux que les premiers, mais ils redoutent le bruit, fuient la lumière et se contentent de blâmer à voix basse des excès contre lesquels ils devraient protester au grand jour : une dernière fois je les adjure de sortir enfin de leur indifférence!

Notre régénération morale et sociale sera l'œuvre de la jeunesse; de cette jeunesse vertueuse, laborieuse, courageuse et intelligente, qui forme l'armée de l'avenir. Je vois en elle la bonne semence destinée à remplacer le mauvais grain.

L'avenir de la Patrie sera ce que la jeunesse française aura voulu !

Le mal est grand, sans doute, mais, s'il ne faut pas s'en dissimuler l'étendue, on ne doit point non plus s'en exagérer la portée.

Le progrès intellectuel, scientifique et artistique de la France ne s'est pas, à vrai dire, arrêté un seul jour. Nous avons droit d'être fiers d'un siècle qui a su fixer la lumière, a trouvé la vapeur et l'électricité.

La France tient la tête des Nations.

Dans ce grand concours, récemment ouvert au sein de sa capitale à l'industrie de tous les peuples, c'est elle qu'on a vue briller au premier rang. Dans les lettres, les sciences, les beaux-arts, elle donne le ton aux autres peuples; si l'art et la littérature ont eu, dans ces derniers temps, des écarts regrettables, ils s'expliquent par leur fécondité.

Forte de son passé, confiante dans son avenir, la France ne doit craindre que l'excès de son bien-être et l'abus de sa richesse. Guerrière, artistique, savante et lettrée, elle n'a donc, malgré les travers de certaines classes, — travers qui seront, je veux le croire, des travers passagers, — rien perdu de son prestige.

On le reconnaît à la jalousie qu'elle excite autour d'elle; et si quelque jour ses intérêts ou son honneur se trouvaient menacés, le monde verrait si son Patriotisme s'est refroidi!

TABLE.

Préface : *Deux citations*. . . . . Pages v-vii

CE QUE NOUS DÉPLORONS.

I.

Définition du luxe. — Ses progrès depuis vingt ans. — Notre état présent. — Le luxe a tué la noblesse. — Ses ravages dans la bourgeoisie. — Après la bourgeoisie l'anarchie! — Il n'est pas trop tard pour le combattre. — Auxiliaires sur lesquels nous comptons. — Pourquoi un livre contre le luxe? — Le cri d'alarme. — Les oies du Capitole Page.3

II.

Corruption croissante des mœurs publiques. — Les Gouvernements y sont étrangers. — La faute en est au luxe. — La société Romaine sous Auguste et Tibère. — Nous ne sommes pas heureux! — Le mal dont nous souffrons. — Le luxe a aggravé la maladie humaine. — Progrès de la folie. — Abaissement des caractères. — Tendances de l'éducation publique. — Le règne de l'or. — Un luxe inoffensif et un luxe dangereux. — Le luxe sous ses trois faces : moral, économique et social. . . . . Page 15

III.

L'égoïsme, premier fruit du luxe. — Le luxe étouffe le désintéressement et la générosité. — Il a son type dans l'enfant unique. — Mot d'ordre du monde nouveau. — L'admiration stupide du succès. — Le maréchal de Villars et le financier. — Les liens sociaux se détendent. — Notre gaieté s'en va. — Ravages de la vanité. — Les salons d'autrefois et ceux d'aujourd'hui. — Les *Tableaux vivants*. — Rôle du mari. — Les trois aunes de drap de Mme Geoffrin. — Mme Récamier.. . . . . Page 30

IV.

Le luxe mène à l'improbité. — Quelques exemples. — Son enseignement sur la classe ouvrière. — Il tue le respect. — Un mot de Mme de Staël. — Suppression des formes. — Affaiblissement des liens de famille. — Relâchement de l'autorité domestique. — Un premier coup d'œil sur les parents et les enfants. — La tradition. — Sa valeur sociale. — Le luxe prospère dans les temps de calamités. — Ysabeau, et Jeanne d'Arc. — Le Patriotisme . . . . Page 44

V.

Démoralisation de la femme. — Son rôle social. — Coup d'œil historique. — De Velléda à la du Barry. — La femme a perdu de son empire. — Le luxe commence par s'attaquer à elle. — L'éducation domestique. — Ce que sont nos enfants. — Exemples et leçons que nous leur donnons. — Leurs jeux et leurs jouets. — Leurs conversations et leurs préoccupations. — Développement de la vanité. — Les bals d'enfants. — L'œuf de Pâques du duc de Grammont-Caderousse. — La fille à marier. — La femme à la mode. — Dépravation de l'amour. Page 61

VI.

Les mariages chrétiens et les mariages d'argent. — L'amour dans le mariage. — Comment on prépare les femmes à devenir mères. — L'intérêt substitué à l'amour. — La dissipation. — De quelle manière les parents se préoccupent de l'avenir de leurs enfants. — Augmentation des adultères et des séparations de corps. — Abâtardissement de la race. — Diminution des naissances. — Comparaison avec les États voisins. — Causes morales : une prévoyance coupable. — Causes physiques : l'affaiblissement des tempéraments. — Luxe entraîne disette d'hommes. — Un tableau du Louvre.. . . . . Page 79

VII.

Le luxe empêche la famille de se former. — Il empêche pareillement qu'elle ne prospère. — Diminution croissante des mariages. — Le mariage tombé en discrédit. — Empire de la dot. — Délaissement des jeunes filles. — Le mariage du duc de Chartres. — Nous cherchons le plaisir, nous fuyons le devoir. — Accroissement des célibataires. — Influence du mariage sur la durée moyenne de la vie. — Système du docteur Starck. Page 99

VIII.

Empire croissant de la courtisane. — Les courtisanes d'autrefois, celles d'aujourd'hui. — Phryné, Aspasie, Flore. — La voiture d'une fille, conduite par un Prince du sang. — Les filles entretenues au faubourg Saint-Antoine. — La prostitution publique et la prostitution clandestine. — La femme du monde et la fille du peuple. — Conséquences d'une faute. — Augmentation des enfants naturels. — Leur rôle dans la société. — Les infanticides. — Une mère peut donc tuer son enfant ! —

Dernier état de la femme dépravée par le luxe. — L'orgie Romaine. — Les Gitons. — Quatre vers de Martial. — Où en sommes-nous?. . . . . Page 105

IX.

Un arrêt de Cour souveraine. — Paris capitale du monde. — Sa renommée de plaisir. — Tout pour les riches ! — Les visites des Souverains. — Dangers moraux et sociaux de la création d'une ville unique. — Les extrémités se refroidissent. — Le cœur se développe au détriment des membres. — Refoulement des intelligences. — Triomphe de la bassesse et de l'intrigue. — Une hiérarchie excessive. — Le laminoir. — *Urbs*. Page 121

X.

Les entraînements de la toilette. — M. Dupin. — Encore la femme à la mode. — L'article religion. — Le costume, image des mœurs. — Un regard en arrière. — Souliers à la Poulaine. — Les vertugadins et la crinoline. — Les modes actuelles en désaccord avec le bon goût. — La femme française a compromis son renom d'élégance. — Elle nous a pris notre costume masculin. — Les coiffures. — Le *toupet à tempérament*. — Le *pouff au sentiment*. — Accessoires de la toilette. — Excentricité n'est pas élégance. — L'inconstance de la mode contraire à la production autant qu'à la consommation. — Opinion de J.-B. Say. — Il faut ouvrir de nouvelles carrières aux femmes ! — Mouvement dans ce sens. — Emplois des femmes usurpés par les hommes. — Les races d'efféminés. — Action de la mode sur les caractères. — La loi. . . . . . Page 129

XI.

Le luxe stimule l'agiotage. — Entraînements de la spéculation. — Portrait de l'agioteur. — Les Banques du Mississipi. — La

Bourse. — Les gros poissons faits pour manger les petits. — Les carrières de l'intelligence délaissées pour celle de l'argent. — La richesse, prix de l'habileté. — Scandale des fortunes rapides. — Un enrichi au temps de Law. — Entraînement général. — Les spéculations lointaines. — Leur immoralité. — Les *déclassés* estimables et les *déclassés* dangereux. — Deux lettres de l'Empereur. . . . . . Page 163

XII.

Le jeu. — *Pensez à nous.* — Ses ravages dans les familles. — Le jeu s'est compliqué du Cercle. — Tous deux également hostiles à la femme. — Mœurs des joueurs. — Défiances justifiées. — Les courses et les paris. — *Agence des Poules.* — Maisons de jeu clandestines. — Un laisser aller général. — Le cercle tue la société. — Pertes considérables au jeu. — Augmentation des dations de conseils judiciaires. — Les suicides plus nombreux. — La Morgue trop étroite. — Deux Sauveteurs à l'œuvre. — Conséquences sociales du dégoût de la vie. — Les peuples heureux. . . . . Page 183

XIII.

Influence du luxe sur la production. — Son excès contraire au commerce et à l'industrie. — Opinion de Voltaire. — Montesquieu et Diderot. — *Le luxe fait aller le commerce.* — Inconstance des salaires. — Les industries de luxe sont les moins payées. — Le luxe tue l'épargne. — Détourne les bras du travail productif. — Appauvrit le producteur, le consommateur et l'ouvrier. — Les faillites. — L'Empereur et la classe ouvrière. — Remontrances de 1718. — Renchérissement de la vie surtout sensible pour la classe moyenne. — Danger social de l'amoindrissement de la petite bourgeoisie. — Un luxe relatif à la portée de tout le monde. — Les nouveaux établissements de crédit. . . . . Page 199

XIV.

Le luxe contraire au progrès de l'art. — Le bon goût ne survit pas aux mœurs. — La *Peinture.* — L'École française. — Sa décadence et sa renaissance. — L'École réaliste. — L'art devenu affaire de commerce ou de mode. — Encouragements aveugles de la richesse. — Abus dans l'emploi des ressources décoratives. — La *Sculpture* et l'*Architecture.* — Corruption de la langue. — L'argot. — La *Science* opposée à la *Littérature.* — Tendances du roman moderne. — Mauvais choix de ses personnages. — La réclame. — La petite presse. — Nos mœurs défavorables au talent. — Les bons livres. — Le *Théâtre.* — Ses origines. — Son apogée. — Sa décadence. — Il est corrupteur des mœurs. — Les héros du parterre. — Il s'adresse aux sens. — La mise en scène. — Les femmes de théâtre. — Les cafés-concerts. — Il y a des compensations! . . . . Page 216

CE QUE NOUS DEMANDONS.

XV.

Après le mal le remède. — Par quels moyens combattre le luxe? — On ne peut employer que les remèdes moraux. — Édits de Louis XIV. — Montaigne et Rousseau. — Les lois somptuaires. — *L'Exemple,* premier moyen contre l'excès du luxe. — Charlemagne, L'Hôpital, Gilles le Maître, Frédéric le Grand. — La garde-robe de Napoléon. — Action de la Magistrature sur les mœurs. — Toujours M. Dupin! — La femme doit être simple. — N'est pas simple qui veut. — A bas les diamants! La comtesse de Rambuteau. — C'est aux femmes du monde que revient l'initiative . . . . Page 251

XVI.

Le *Travail* guérit le luxe. — Éloge du travail, ami de la simplicité et des bonnes mœurs. — Il est le bonheur et peut devenir une réhabilitation. — Une femme galante prote d'imprimerie. — L'activité opposée à l'oisiveté. — Les jeunes gens oisifs. — Raisons qu'ils donnent. — Qu'ils se fassent Agriculteurs ou Soldats! — La garde nationale mobile. — Une conscription du travail. — Ostracisme moral infligé aux paresseux et aux mauvais riches. . . . . Page 271

XVII.

Développons la *Charité*. — La charité incompatible avec le luxe. — Comment elle est entendue. — Une charité d'apparat. — Ce qu'elle doit être pour devenir un moyen de guérison. — La charité Évangélique. — La jeunesse charitable. — Le bien qu'elle fait. — Les œuvres qu'elle fonde. — *L'OEuvre des faubourgs*. — *Les Fourneaux économiques*. — Les jeunes gens de la classe aisée venant dîner chez leurs pauvres. — Prélèvements exercés par l'industrie de détail sur l'artisan. — Le riche pourrait se faire l'épicier du pauvre. — Avantages que la société retire de la charité . . . . Page 281

XVIII.

L'Agriculture hostile au luxe parce qu'elle fait naître le goût de la simplicité. — Elle remplace le faste par les dépenses utiles. — *Ramenons les hommes à la terre!* — Attraction exercée par la ville sur la campagne. — Encore des chiffres! — Les industries de luxe. — La domesticité, foyer de corruption et d'abaissement moral. — Ce qu'elle était autrefois. — Ce qu'elle est devenue. — Elle est contraire au développement de la population. — Encouragements à l'Agriculture. — L'Empereur et la Princesse Baciocchi. — L'avenir est à la terre.

— Vidons les villes au profit des campagnes. — Premiers résultats heureux. — Le citadin propriétaire rural. — La salutaire influence des champs finira par l'emporter sur la corruption de la ville. — Les paysans en 1848. — En 1813 et 1814. Page 290

XIX.

L'impôt. — S'il ne guérit pas le luxe, du moins il le moralise. — Manière de le répartir. — Mieux vaut le faire porter sur les riches que sur les pauvres. — Un portrait de Charles Ier d'Angleterre, par Vélasquez, entre les mains d'une mendiante. — Du vin à 133 francs la bouteille. — Un impôt sur le jeu. — Combien on compte de billards à Paris. — Vauban et les perruques. — Nous avons déjà des impôts sur le luxe. — Impôts sur le tabac, les cartes à jouer, etc. — Taxe sur les chiens, les chevaux et voitures. — Les impôts somptuaires ne blessent pas les règles du droit nouveau. — Ce qu'en pensait la République. — Opinion des hommes d'État et des Jurisconsultes. . . . . Page 307

XX.

Conclusion. — Le luxe ne peut être confondu avec le *Progrès*. — Définition du Progrès. — L'auteur s'est efforcé d'être vrai. — Destinée des Empires. — *Notre ennemi le luxe* n'est pas encore notre maître! — La victoire sera le prix de notre bon accord. — Mission de la jeunesse. — État présent de la France. — L'Europe nous envie. — Travaillons à ne pas déchoir! . . . . Page 324

www.ingramcontent.com/pod-product-compliance
Lightning Source LLC
Chambersburg PA
CBHW060453170426
43199CB00011B/1186